བཙན་པོའི་བང་སོ

藏 王 陵

考 古 学 专 刊

乙种第三十八号

藏 王 陵

中国社会科学院考古研究所　编著

文物出版社

北京·2006

MONOGRAPHS OF CHINESE ARCHAEOLOGY

SERIES B NO.38

THE MAUSOLEUMS OF THE TIBETAN KINGS

(WITH AN ENGLISH ABSTRACT)

Compiled by

The Institute of Archaeology

Chinese Academy of Social Sciences

The Cultural Relics Publishing House

Beijing • 2006

主　　笔　　王仁湘　　赵慧民

撰　　稿　　赵　超　　李存信

　　　　　　肖淮雁　　钟　键

　　　　　　刘建国　　雷　然

　　　　　　郭幼安　　杨　曦

　　　　　　李林辉　　夏格旺堆

　　　　　　多布杰　　强巴次仁

　　　　　　王　非

目　录

前　言　　琼结藏王陵

1　在神秘的雪域高原，与珠穆朗玛和雅鲁藏布的雄奇相辉映的，还有古代吐蕃文明曾经的辉煌。早在纪元前，生活在雅鲁藏布江中游雅隆河谷一带的雅隆部落－悉补野部落，在部落首领聂犀赞普的率领下，逐渐开始强盛起来。公元初年以后，在止贡赞普、布德贡甲赞普执政时期，雅隆部落在农耕、畜牧、冶炼、水利、军事、文化等方面均明显进步于周边其他部落，为后来建立强大的统一王朝奠定了雄厚的基础。

雅隆部落凭借雄厚的经济实力和强大的军事力量，开始了一系列开拓疆土的行动。从松赞干布的祖父达布聂西开始，经过松赞干布父亲朗日伦赞到最后松赞干布继位赞普，雅隆部落的疆土逐渐扩大，最终建立了空前强大的统一政权—吐蕃王朝，吐蕃文明在西藏高原发展到巅峰。

松赞干布继位赞普后，在政治、军事、文化、法律诸方面颇有建树，进一步完善政治制度，创制了文字，制订了法律。到赤松德赞时期，吐蕃进一步发展，军事扩张臻于鼎盛。到赤德松赞时期，又大力弘扬佛教，首开僧人执掌政权先例。从松赞干布公元633年定都逻娑（拉萨）建立吐蕃王朝，到吐蕃最后一位赞普朗达玛被弑之后的公元877年，王朝分裂灭亡。吐蕃王朝经历了二百多年的风雨，是藏族历史长河中重要的一页，吐蕃在农牧业、手工业、交通、贸易、文学、医学、建筑、雕塑、绘画、宗教文化等方面成就辉煌。

2　吐蕃王朝时期埋葬制度已经形成，赞普陵墓有了规范的形制。

有关记载早期吐蕃王陵的藏文史籍有《汉藏史集》、《西藏王统纪》等，记载称在雅隆悉补野部落时期，将止贡赞普遗体葬于石山和土山连接处，在琼结修建了止贡赞普和布德贡甲的陵墓。其他记录吐蕃王陵的藏文史籍，还有《第吴教法源流》、《雅隆尊者教法史》、《贤者喜筵》等。这些文献的成书年代，以公元12世纪第吴所撰《第吴教法源流》为最早，其次是1376年释迦仁钦德的《雅隆尊者教法史》和同样在14世纪成书的丹巴·索南坚赞的《西藏王统记》，再次是达仓宗巴·班觉囊布1434年写成的《汉藏史集》、巴俄·祖拉陈瓦1545年的《贤者喜筵》和五世达赖喇嘛昂旺罗桑嘉措1643年的《西藏王臣记》。

这些史籍都提及公元6～9世纪期间吐蕃赞普的葬地为琼结敦卡达（顿卡达）和木惹山（穆日山）。木惹山在今琼结县城以南琼结河右岸，至今仍沿用古名，或又译作米热拉山。敦卡达则在邻近的琼结河右岸的东嘎沟，即是藏文献中记载的敦卡达陵地所在地。吐蕃王陵位于西藏自治区山南地区琼结县境内，今琼结县城南侧0.5公里和东侧1公里处。海拔高度在3800～3938米之间。陵墓主要分布在琼结河右岸和东嘎沟口附近。陵地北距山南地区首府泽当镇约30公里，距拉萨约300公里。

藏王陵陵区有高低错落的封土堆多座，还保留有石刻和石碑等遗物。据藏文史籍的记载，琼结藏王陵较大的陵墓都分筑有几个墓室，墓中盛满了金银、宝石和丝绸等。藏王陵规模宏大，虽然经过了吐蕃时代末期的大规模盗掘劫难，经历了千多年的风雨剥蚀，多数墓冢至今依然巍然耸立在琼结河畔。藏王陵一定包容着许多吐蕃时代的秘密，事实上藏王陵本身就已经成了一个难解的谜，除了松赞干布陵以外，人们对陵地中有多少座墓冢、葬有多少位赞普和每个赞普的具体陵位都早已不甚了了。

3 藏王陵所在的雅鲁藏布江中游的山南，属于高山湖盆宽谷区，地貌特征以宽广的河谷平原、湖积平原、低山和丘陵为主。山南地区气候受地理纬度高、距海洋远、海拔高和西风环流、西南季风等因素的制约，具有气候干燥、降水稀少、温差剧烈、大陆性气候强，冬季干冷、漫长，夏季温暖而短暂，春季升温急剧，秋季降温迅速，春、秋季过渡短暂，干、湿季节明显等气候特点。雨季常有大雨、暴雨或雨、雪、冰雹交加，造成山洪、泥石流暴发。

雅鲁藏布江以南地区为喜马拉雅山系一部分，雅江河谷海拔3530～3660米。雅江南北两侧为深切割区，相对高差1000～1300米。土壤、植被都具有明显的垂直分布特点，海拔4500～5000米以上土壤为高山地衣岩屑带，气候寒冷，植被稀少，植被以苔藓为主，局部的高山寒冻草甸比较发育；海拔3600～4500米为高山草甸带，特点是气温普遍偏低，夏季则温度升高，植被以高山草甸为主，适宜畜牧；海拔3600米以下为山地耕耘带，分布于雅江河谷两侧，气候温暖，适宜农牧业。

这就是雅隆部落兴起的地方，是雅隆部落的发祥地，也是吐蕃赞普的归葬之所。松赞干布迁都拉萨后，开始在琼结大规模营建赞普陵地，许多赞普都归葬到了这个陵地。

4 依据藏文献研究，琼结藏王陵分为敦卡达和木惹两个有一定距离的地点。藏文"敦卡达"即顿卡溪口或敦卡沟口，文献上载明的顿卡达现在名为"东嘎"，为同一地名的不同译音。东陵区所在地名为东嘎，陵区正处在东嘎沟口位置。木惹指的是木惹山，西陵区所在附近的山名正为木惹。史籍中提到的琼结吐蕃王陵陵墓，除少数几座建在山腰和山脚位置，一般都建在琼结河和东嘎沟的河滩附近。

琼结藏王陵的分布存在两个分区，琼结河与木惹山之间的西区陵墓数量较多，陵墓封土的规模也大得多。东西两区占地350多万平方米，东西长约2500米，南北宽约1500米，两区相距约800米。东陵区一共发现有7座陵墓，西陵区共有13座陵墓。另外在西陵区向西方向稍远的位置，还发现有几座稍高的土台，推测也可能是陵墓或相关建筑遗迹。东西两区陵墓不同程度地受到自然和人为的一些破坏。两区陵墓半数以上都直接坐落在河床或河旁台地上，有的免不了遭受山洪的冲刷，有的则经不住风雨的侵蚀而改变了原本的模样。多数陵墓都经历过盗掘的劫难，墓顶中心早年留下的巨大盗洞依然令人惨不忍睹。从整体情况看，大型陵墓外观上保存略好一些，高大方正的封土至今巍然。小型陵墓保存较差，有的勉强可以看出一点形迹，有的则几近湮没。

5 琼结藏王陵据藏文史籍说有不少于21座陵墓，半个多世纪以来，虽然不断有人对藏王陵进行考察研究，但是研究者怎么也没找到21座陵墓，他们有的说有8座、12座，最多的也只确定有17座。陵冢大小高低相差较大，分布排列也不大齐整，加之周围地貌多变，要数清藏王陵并不容易。

西陵区共有陵冢13座，大体可划分为东西两列，以西边一列排列较为整齐，陵墓封土堆的规模也比较大。如1号陵位于琼结河边，是整个陵区中位置最北的一座。2号、3号陵在1号陵以东，三陵平行排列。4号陵位置在木惹山山脚下，在3号陵东南一侧，封土规模较小，现存高度也低许多。5号陵在4号陵东侧，地处坡地，随东高西低地势而建。6号陵位置最高，位于木惹山山腰上，在5号陵东南，规模与1号陵接近。7号陵在3号陵以北略偏东位置，封土东侧36米处有石碑，碑刻颂扬赤德松赞的碑文。8～12号陵规模都比较小，相对集中地分布在3、5号陵的北部方向。11号和12号陵封土较低且保存不好。13号陵在3、4号陵以南较远的位置，也是这一陵区所见最为孤立的一座陵。

东陵区由所见封土观察，共有7座陵墓。保存都较差，多数遭到过盗掘，封土中央也留下盗坑痕迹，有的陵墓封土则大半已被掘平。这里的陵墓规模较小，封土堆低矮，排列也不整齐，彼此间的距离不定，分布有的较为集中，也有的较为分散。14号陵位于东嘎沟口以南木惹山嘴前，15号陵位于东嘎沟南山脚下，在14号陵东南方向。16~19号四座陵均坐落在河床沙滩上，16号陵几乎就建在主河道不远处，17号陵在东嘎沟口偏北位置，与东北方向的18、19号墓距离很近，三陵并列。19号陵紧靠17、18号陵东北方向，以它的长宽比观察，长度超过宽度的1倍还多，怀疑应是并列的两座墓。20号陵位于东嘎沟北的山脚下，在19号陵北部方向，封土规模也不算大。

整个琼结藏王陵现存的陵冢，合计不少于20座。这是根据40多年前的航拍照片结合现场踏勘确定的一个数字。由于洪积作用，原本较为低矮的小型陵冢有可能已湮没于地面以下，不过消失的陵冢数量当不会太多。

6 琼结藏王陵现在能确定的这20座陵墓究竟埋葬着哪些赞普,每一陵的主人又是谁?

现在所说的藏王陵,通常是指西陵区而言,史载西陵区是从松赞干布时期开始营建的。吐蕃王世系由松赞干布算起,经历了10赞普之后,吐蕃王朝解体。这10赞普中除贡松贡赞和赤祖德赞葬在东嘎陵区外,都与松赞干布一起葬在木惹陵区。葬在这一陵区的还有赤德祖赞的王子绛察拉本和朗达玛的王子微松2人,合计11人。史载葬入东嘎陵地的吐蕃赞普及王族成员,除了贡松贡赞、赤祖德赞,可能还有牟底赞普以外,还有赤涅桑赞、朗日伦赞和达日年色及其王妃等。自松赞干布以后去世的赞普一般都葬在木惹陵区,只有个别赞普因意外死亡原因而被埋入东嘎陵区。东嘎陵区可能是在赤涅桑赞时开始营建的,埋葬的赞普不多。

东嘎陵区主要有两类陵墓,一类是吐蕃王朝建立之前的先君先王陵墓,一类是王朝建立之后夭折的王子和非正常死亡赞普的陵墓。这些陵墓规模较小,与木惹陵区形成鲜明对照。如赤涅桑赞、达日年色、朗日伦赞就是松赞干布之前的先君先王,而贡松贡赞是夭折的松赞干布的王子,牟底赞普是因祸死于家人之手,赤祖德赞热巴巾是在即位6年后被谋杀的。藏王陵东西两区的明确划分,应当是事出有因的。

7 藏王陵虽然可以确定有不下20座陵墓,但是人们对这些陵墓的主人却并不十分清楚。现在的研究者似乎只是对其中的1号和7号等少数几座陵的归属没有太大歧议,对多数陵墓的主人都没有确定的判断。如7号陵的主人被一致认定是赤德松赞,1号陵的主人曾被认作是赤祖德赞或赤松德赞,现在多认定是松赞干布。2号陵的主人有的认作赤松德赞,也有的认作是赤德祖赞或芒松芒赞。对3号陵的主人,认识分歧更大,牟尼赞普、赤德祖赞、赤松德赞和都松芒波支都曾被认定是墓主。产生这样的分歧,除了研究者对陵墓的分布规律不清楚外,对文献记述的理解也有出入。

在西陵区,文献记述的一组主要陵位关系是,松赞干布之左是芒松芒赞,再左依次是都松芒波支、赤德祖赞,其中松赞干布是葬在琼结河谷,而赤德祖赞是葬在木惹山上,据此可以判定文献上说的左为东南方向、右为西北方向,即临河为右,依山为左。从松赞干布到赤祖德赞,这几座陵大体是从西北到东南方向呈一字排列。而且这几座陵多数都是坐南朝北,赤德松赞墓碑也是朝北。在文献中记述陵墓具体位置的作者,是背北向南站在面对陵区的角度言说左右方位的。至于"前后"方位,应是以陵墓的面向为前,坐向为后,是以北为前,以南为后。根据文献对陵墓关系的叙述,可以找出以下几个关系组。第一组关系的中心是赤德祖赞陵,它的前方有绛察拉本陵,右前方有牟尼赞普陵,右后侧是赤松德赞陵,右边为都松芒波支陵,右前方还有赤德松赞陵。第二组关系的中心是都松芒波支陵,左有赤德祖赞陵,右有芒松芒赞陵，前有赤德松赞陵，后面有微松陵。第三组关系的起点是松赞干布陵，左有芒松芒赞陵、都松芒波支陵，左还有赤德祖赞陵，后者的位置是在山顶。这几组关系的重点主要有赤德祖赞、都松芒波支和松赞干布等几座陵墓。其中最重要的是大体处于中心位置的赤德祖赞、都松芒波支、赤松德赞、赤德松赞和牟尼赞普等陵，而且这还是一个比较明确的多角重叠关系。

在藏王陵西区的中心部位正巧存在这样一个多角陵位关系，我们可以首先将这几位墓主人确定下来。按照文献上记述的相对方位推测，可以理出下面这样的陵位关系：

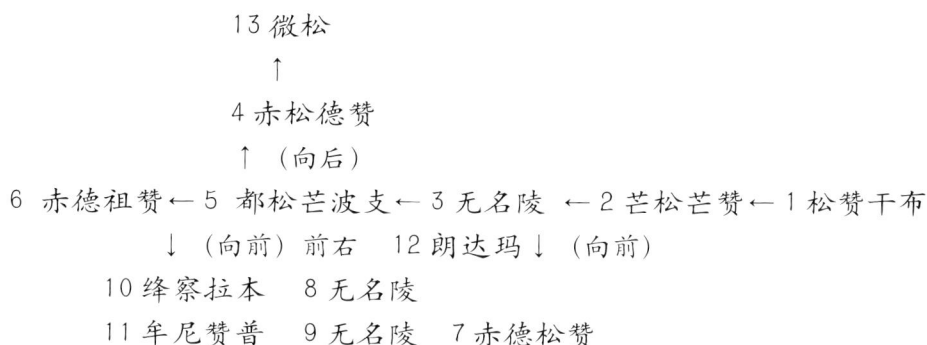

```
            13 微松
              ↑
           4 赤松德赞
           ↑ （向后）
6 赤德祖赞 ← 5 都松芒波支 ← 3 无名陵 ← 2 芒松芒赞 ← 1 松赞干布
  ↓ （向前）前右  12 朗达玛 ↓ （向前）
    10 绛察拉本   8 无名陵
    11 牟尼赞普   9 无名陵   7 赤德松赞
```

文献直接提及与木惹山有关的有赤德祖赞陵、都松芒波支陵和赤松德赞陵。几部文献都说赤德祖赞陵建在木惹山，陵名"拉日祖南"，意为在神山天顶，这当是指陵区位置最高的6号陵。都松芒波支陵也建在木惹山，陵名一为"僧格则巴"，为具狮形墙之意；另一名为"拉日巾"，为神山近旁之意，5号当为此陵。赤松德赞陵亦在木惹山，在父陵（赤德祖赞陵）后侧或右后侧，陵名"楚日祖南"，有神变山顶侧之意，4号当为此陵。西陵区建在木惹山山麓上的陵墓正好是3座，即4~6号，分别为赤松德赞陵、都松芒波支陵和赤德祖赞陵，这与前面判定的陵位关系也正相吻合。赤德祖赞陵、都松芒波支陵和芒松芒赞陵都位于松赞干布陵之左，也就是说松赞干布陵应当是最右边的一座，这一组由河边至山腰的陵位关系十分明确。河边的1号陵可以确定为松赞干布陵，那2、3号陵中必有一座是芒松芒赞陵。赤德祖赞陵的方向与其他陵有明显区别，它不像西陵区的多数陵都是坐南或西或西南方向而朝向北或朝向东北，而是朝北略偏向西，背山面河。文献所说的前与后，要具体分析，指定赤德祖赞陵的前方，一定是指北偏西的方向。文献述及与赤德祖赞陵有直接方位关系的陵，有它前方的绛察拉本陵，右前方的牟尼赞普陵，右后侧的赤松德赞陵，右前方还有赤德松赞陵，它本身又是位于都松芒波支陵左侧。依这样的关系可以判定，它前方的10号为绛察拉本陵，右前方的11

号为牟尼赞普陵，右侧的4号为赤松德赞陵，右前方较远处的7号为赤德松赞陵。紧临着它的5号则是都松芒波支陵。7号陵旁因立有赤德松赞陵墓碑，可以确定为赤德松赞陵无疑。关于绛察拉本陵，或记在父王赤德祖赞陵前（《汉藏史集》），或记在祖父都松芒波支陵前（《西藏王统记》），两说并不矛盾，所指为同一方位，即10号陵所在的位置。而牟尼赞普陵多数文献记述都是在赤德祖赞陵的右前方，11号应当就是牟尼赞普陵。还有朗达玛陵，《汉藏史集》说这位末代赞普的陵墓位于都松芒波支和赤德松赞陵之间，《雅隆尊者教法史》则说是在都松芒波支和赤松德赞陵之间。两种说法有一个共同点，即朗达玛陵与都松芒波支陵有明确的关系。在两陵间并无第三陵的痕迹可寻，《汉藏史集》说朗达玛陵兴建时已处于吐蕃末季，未待竣工即被废弃。朗达玛陵只是有个陵名而已，这位末代赞普可能并没有入葬其中。还有朗达玛之子微松陵，《第吴教法源流》说位于神变王（都松芒波支）陵后面，《汉藏史集》记载也是在都松芒波支陵后面。在相应位置上并没发现有这个陵位，它也许与朗达玛陵一样，陵墓未能建成。

　　西陵区的陵墓，还有几座不明墓主，它们是3号、8号和9号陵。从陵位分派可以看出，西陵区的布局前后有过变化，前期较为规范，后期则显得章法不一。前期有4座陵墓，依次从北向南一字排列。后期因陵位已近山前，无法再向山上发展，于是由山脚左右布列，改变了原先较为整齐的陵位排列规矩。由文献看，在木惹陵区吐蕃赞普子承父位或孙继祖位者，早期陵位大体是横行排列，如从松赞干布到芒松芒赞、都松芒波支到赤德祖赞，是依次由右至左一字排列。由于赤德祖赞陵的位置已接近山顶，他的子孙的陵位便不再接着往左排过去，而是改在前后附近位置。如赤德祖赞之子绛察拉本和赤松德赞，两子葬在父亲陵墓的附近，一前一后，父子大体纵向排列。又如赤松德赞之子牟尼赞普和赤德松赞，也葬在父亲陵墓的前方。赤德松赞之子朗达玛，应葬在父陵的后方。同样，王子微松也应葬在父王朗达玛的后方。木惹陵区这一横一纵的陵位排列方式的变化，除了因受山势水流的限制外，不知会不会还有其他更深层的原因。

8 东陵区共有7座陵墓，陵墓的规格较小，保存也不大好，历来不为研究者所注意，人们通常都忽略了它的存在。从文献记载看，葬在敦卡达（东嘎沟口）的有：赤涅桑赞、达日年色、朗日松赞、贡松贡赞、赤祖德赞等。赤涅桑赞是最早葬入敦卡达者，陵位在达日年色右方。东陵区各陵墓的方向不易确定，整体感觉陵区应当是坐东南朝西北，面对琼结河，但个别陵墓的方向并不统一。记述者当是面对东南方向的东陵区，以东北方向为左，西南方向为右。达日年色陵位在赤涅桑赞左上方，达日年色两王妃也葬在他的陵墓旁边。朗日松赞陵在赤涅桑赞陵右边，《西藏王统记》说他的陵墓随葬品较多，封土如肩胛形状，所以得名为"贡日索嘎"（肩胛形雪山）。贡松贡赞的陵位一般记述是在朗日松赞陵左方，只有《第吴教法源流》说是在朗日松赞陵之右。赤祖德赞（热巴巾）陵在敦卡达左面。牟底赞普也葬在敦卡达，但陵位记述并不明确。赤涅松赞和达日年色之间还有一代赞普名为珠年德（仲年德如），据各书记载陵墓建在香达，不在琼结两陵区范围内。以这些记载统计，在敦卡达当有8座陵墓。东陵区现存7座陵墓都可以确定墓主。东陵区几座主要陵位的相对关系，按照左一右方向排列，基本关系式如下：

赤祖德赞－达日年色及王妃－赤涅桑赞－贡松贡赞－朗日松赞→右

　　赤祖德赞葬在敦卡达左角或左面，说明他的陵位应当在东嘎沟口的左侧，而且是最左边的一座，即20号陵。往右是达日年色及王妃陵，即19、18号陵。其中19号陵平面为不常见的长方形，估计是两座靠得较近的陵墓合为一体了。这样19和18号的位置实际是3座陵，史载葬在达日年色陵近旁的还有他的妃子卓萨木赞与墨甫坚赞的陵墓，应当就是这3座距离较近的陵墓。再右是赤涅桑赞陵，应当是17号陵。再往右至木惹山脚有一座梯形陵，即15号陵，应是朗日松赞陵，与"肩胛形"陵名吻合。文献记朗日松赞在赤涅桑赞右边，又说贡松贡赞在朗日松赞左边，贡松贡赞陵应是在赤涅桑赞和朗日松赞之间，那就应当是15号无疑了。东陵区还有14号陵无主，史籍载牟底赞普也是葬在敦卡达，但没有说明陵位何在，有可能就是14号陵的位置。

9 从18世纪开始，已有外国人对藏王陵进行实地考察。1948年意大利学者杜齐（G．Tucci）考察了藏王陵，1950年发表了《藏王陵考》。后来英国人黎吉生（H．E．Richardson）也实地考察了藏王陵，著有《西藏早期墓地及八～九世纪西藏的装饰艺术》，绘出藏王陵分布图，确认了10座陵的墓主人。

　　中国学者对藏王陵的考察和研究始自上世纪50年代，王毅根据实地考察绘制了陵位图，确认了8座陵墓的墓主人。西藏自治区文物管理委员会（西藏自治区文物局）曾多次对藏王陵开展调查，进行过局部清理和测绘，并公布一张陵墓分布平面位置图。中国社会科学院考古研究所西藏工作队对藏王陵进行了勘测与研究，并发表了有关研究成果。

　　根据文献查考、航拍照片判读和现场勘测，我们知道琼结藏王陵确可划分为东西两个陵区，即木惹陵区和东嘎沟口陵区。两陵区埋葬的死者有所不同，木惹陵区多埋葬吐蕃王朝盛期的赞普，东嘎沟口陵区则主要埋葬松赞干布之前的吐蕃先君先王和意外死亡的赞普、王子等。所有见于文献记载的吐蕃赞普都可以确定相应的陵位。具体判定结果是：

西陵区

1 号陵—松赞干布

2 号陵—芒松芒赞

3 号陵—？

4 号陵—赤松德赞

5 号陵—都松芒波支

6 号陵—赤德祖赞

7 号陵—赤德松赞

8 号陵—？

9 号陵—？

10 号陵—绛察拉本

11 号陵—牟尼赞普

12 号陵—朗达玛

13 号陵—微松

东陵区

14 号陵—年底赞普？

15 号陵—朗日松赞

16 号陵—贡松贡赞

17 号陵—赤涅桑赞

18 号陵—达日年色

19 号陵—及王妃等

20 号陵—赤祖德赞

　　藏王陵是目前西藏境内规模宏大的一处吐蕃赞普墓葬群，是藏民族悠久历史和灿烂文化的历史见证。藏王陵对于研究吐蕃时期丧葬习俗、墓葬形制、古代环境、社会生活以及古代吐蕃与中原文明的交流，具有十分重要的作用。

　　藏王陵经历了千多年风雨，由于风蚀水浸和人为因素的破坏，陵墓封土毁坏比较严重，保护工作刻不容缓。现场勘测工作已在近年全部完成，保护方案正在规划酝酿之中，相信这一重要的古代文化遗产一定会得到有效保护。

1

雅鲁藏布江
与雅隆河

བཙན་པོའི་བང་སོ

❶ 宽阔的雅鲁藏布江流过山南，那么平静，
那么安详。雅鲁藏布江的得名，与生活在中游
地区的古代雅隆部落有关

→ 雅鲁藏布江和雅隆河谷
卫星影像图，藏王陵就深
藏在叶脉状的山谷中

↓ 西藏高原卫星三维图

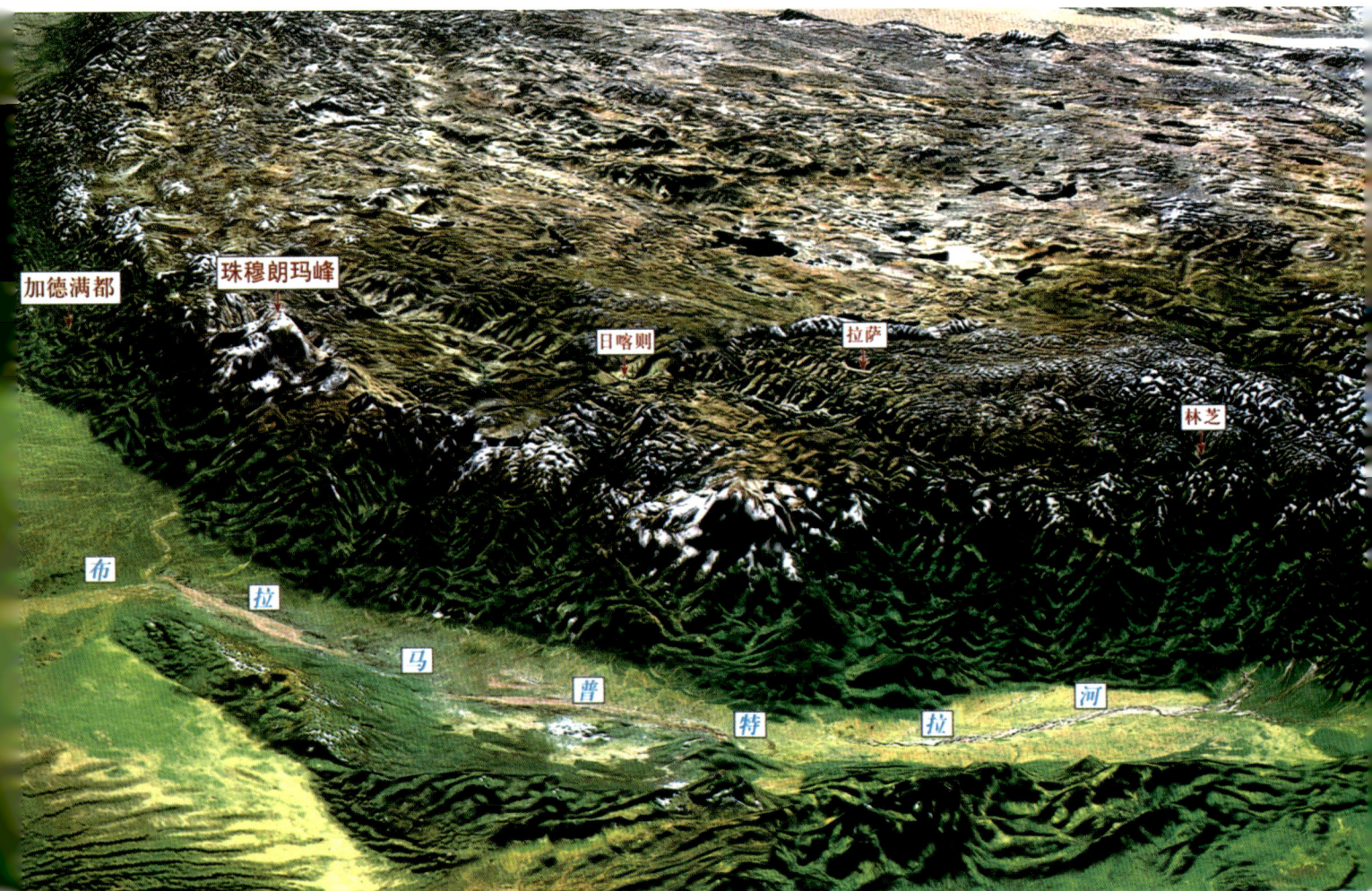

🔴 雅江边的泽当镇，是山南行署所在地。往
南延伸的雅隆河谷，是吐蕃王朝的发祥地

❶ 从空中俯瞰雅鲁藏布江，江流蜿蜒，雄姿
勃发，这是世界上海拔最高的河流

2

庸布拉康、桑耶寺、昌珠寺与朗色林

བཙན་པོའི་བང་སོ

❶ 建筑在山岭上的庸布拉康，是吐蕃历史上的一座重要建筑，相传文成公主曾将这里作为夏天的居所

❶ 登上高耸的庸布拉康的后殿，雅隆河谷尽收眼底

❷ 坐落在雅江北岸的桑耶寺，藏语原意为"无边寺"，始建于公元 8 世纪的赤德松赞时期

桑耶寺

🔼 桑耶寺曾毁于大火，现有建筑为六世达赖时所重建

🔽 桑耶寺大殿内景

🔼 桑耶寺内的僧人们

◀ 桑耶寺大殿内的酥油灯

❶ 昌珠寺是雅隆河谷的一座重要寺庙。人们在昌珠寺门前祭好收成

❶ 昌珠寺内景，相传文成公主和松赞干布曾在此居住

➡ 昌珠寺经堂，始建于松赞干布时期

❶朗色林庄园兴建于公元 14 世纪的帕竹
王朝时期，无情的岁月已改变了她的容颜

⭕雅江边的朗色林庄园，是山南一座罕见
的历史建筑

❶朗色林面向东方的外墙还保留有石块包
砌的墙面，让人体察到细腻的匠心之所在

3 青瓦达孜和
雕楼遗址

བཙན་པོའི་བང་སོ

❶ 屹立在北山的青瓦达孜城址

● 从藏王陵北望古代山城，垣墙在山岭上蜿蜒起伏

↓ 从飘扬着经幡的北山废墟看藏王陵西区

● 由琼结北山残垣间眺望藏王陵

● 残垣与藏王陵

● 由青瓦达孜看藏王陵和琼结城

● 沿山脊建筑的垣墙，有的地方仅存留着基址

● 青瓦达孜依然高耸的残垣

❶ 青瓦达孜依然高耸的雕楼遗迹

❶青瓦达孜城址，局部保存的城垣依然非常坚固

➡青瓦达孜城址雕楼遗迹

➡青瓦达孜雕楼的上部早已坍塌无存

● 由青瓦达孜山上的废墟远眺藏王陵

● 沿山岭修筑的城垣依然保留着清晰的轮廓

↑ 山城下是滨河而建的琼结县城

● 山城雄姿

● 山城与寺庙遗址

4

木惹山、东嘎沟与琼结河谷

བཙན་པོའི་བང་སོ

↑ 宜于农耕适于居住的琼结河谷

●沿山脊蜿蜒而上的石城城
垣,对面的南山是木惹山,山
前的陵冢历历在目

⬅ 俯瞰琼结城

⬆ 琼结河边有农田，也有牧场

⬆ 河谷内的青稞熟了

● 琼结城民居鳞次栉比

● 琼结城民居

● 琼结河谷的藏王陵

● 秋收后的琼结河谷

● 琼结河谷

❶琼结河谷散落的藏民村舍

5

陵地环境
与布局

བཙན་པོའི་བང་སོ

① 由藏王陵远望春天的雪山

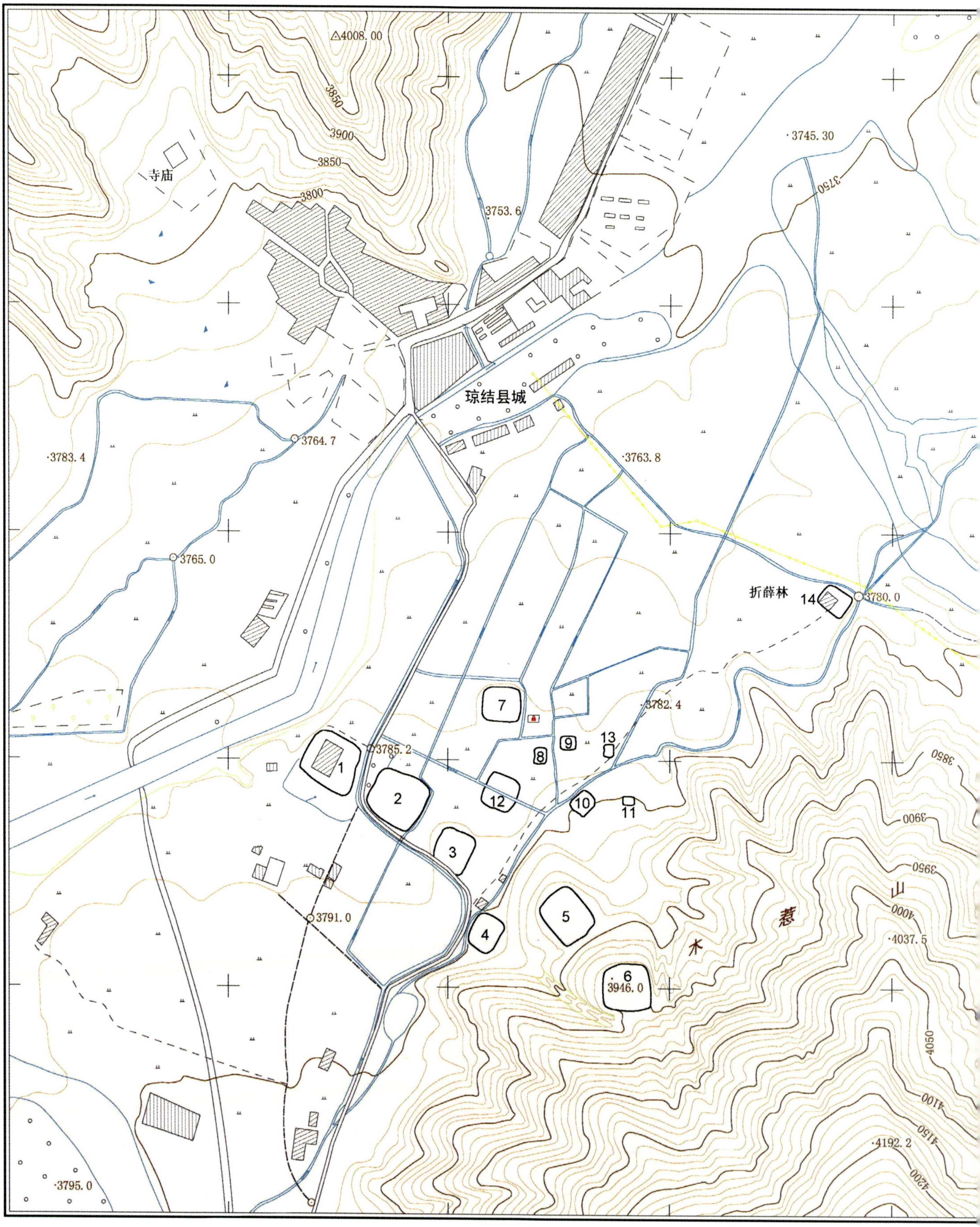

△4008.00

寺庙

3850

3900

3850

3800

·3753.6

·3745.30

琼结县城

·3763.8

·3783.4

3764.7

3765.0

折薛林

14　3780.0

3782.4

7

3785.2

1

9

13

2

8

12

10

11

3

5

4

3791.0

6
3946.0

水　惹　山

·4037.5

·4192.2

·3795.0

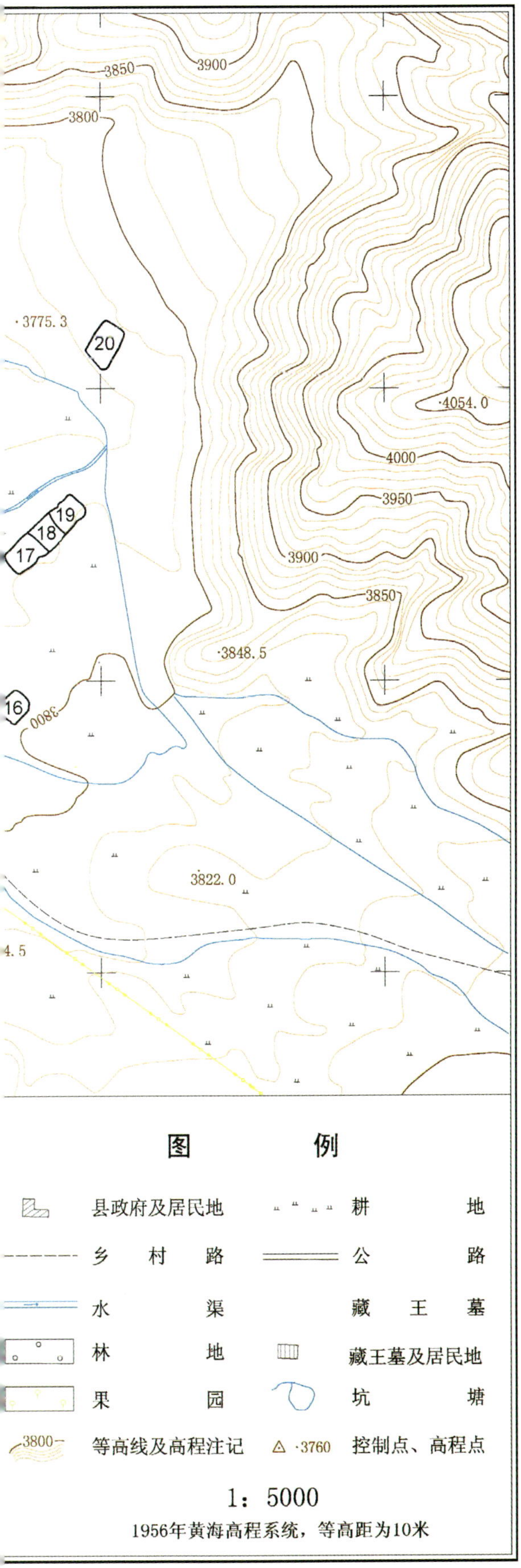
3850
3900
3800
·3775. 3
20
·4054. 0
4000
3950
19
18
17
3900
3850
·3848. 5
16
3800
3822. 0
4. 5
图 例
县政府及居民地
耕 地
乡 村 路
公 路
水 渠
藏 王 墓
林 地
藏王墓及居民地
果 园
坑 塘
3800
等高线及高程注记
·3760
控制点、高程点
1：5000
1956年黄海高程系统，等高距为10米

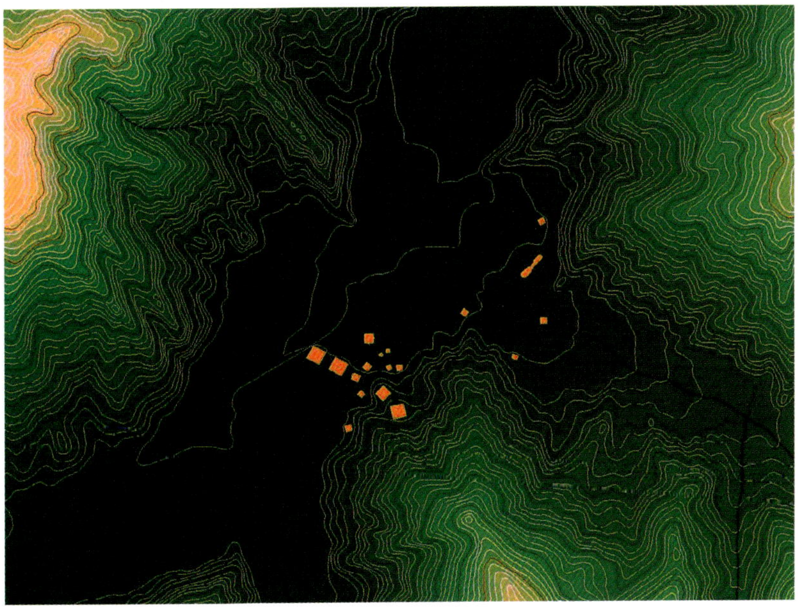

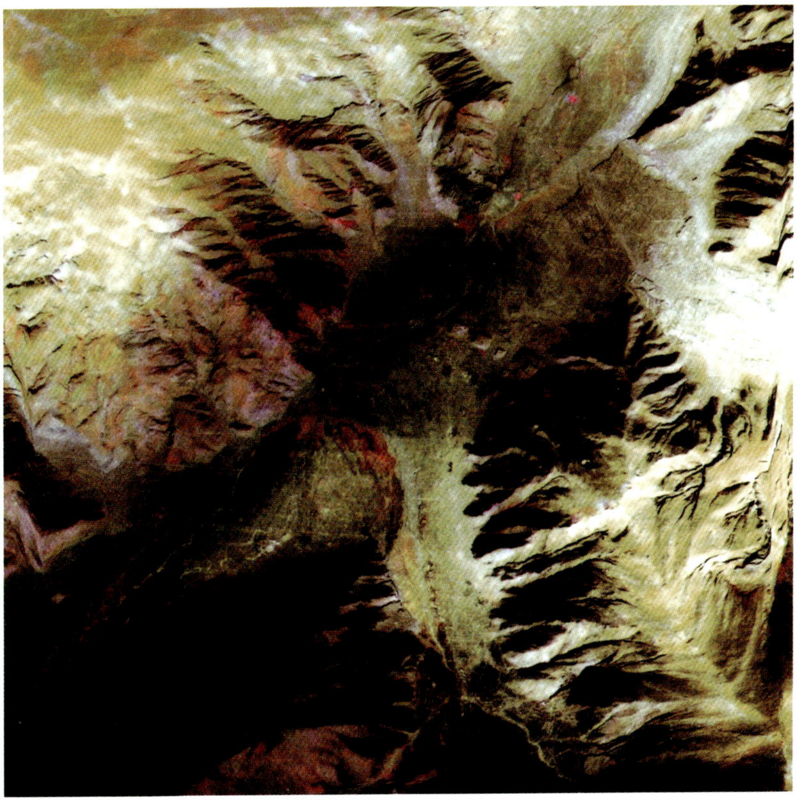

← 藏王陵陵位分布图

↑ 藏王陵附近地形图

↑ 藏王陵模拟三维图

藏王陵全景。中间是木惹山，山前的琼结河自南向北流过。吐蕃赞普们就长眠在这片山与河之间的谷地上

↑7号陵旁的保护标志

6 西陵区

བཙན་པོའི་བང་སོ

❶ 西陵区俯视。高大的陵墓封土包围在田畴之中

● 1、2、3 号陵排列较为整齐，
彼此距离不远

● 1 号陵南登临踏道

● 1 号陵

❶琼结河边的 1 号陵是松赞干布的陵墓

❶ 西望藏王陵西陵区

❷ 雪山映衬下的 1 号陵

❸ 由北山残垣看到的 1 号陵

THE MAUSOLEUMS OF THE TIBETAN KINGS

● 1号陵壁立的封土，露出了版筑的痕迹

● 1号陵南壁中部

● 2号陵保存相对较好，封土外观变化不明显

● 由东向西观察 2 号陵

● 在山上俯瞰 2 号陵

● 站在 1 号陵上看到的 2 号陵

3 号陵封土

3 号陵南侧

邻近的 3 号与 2 号陵

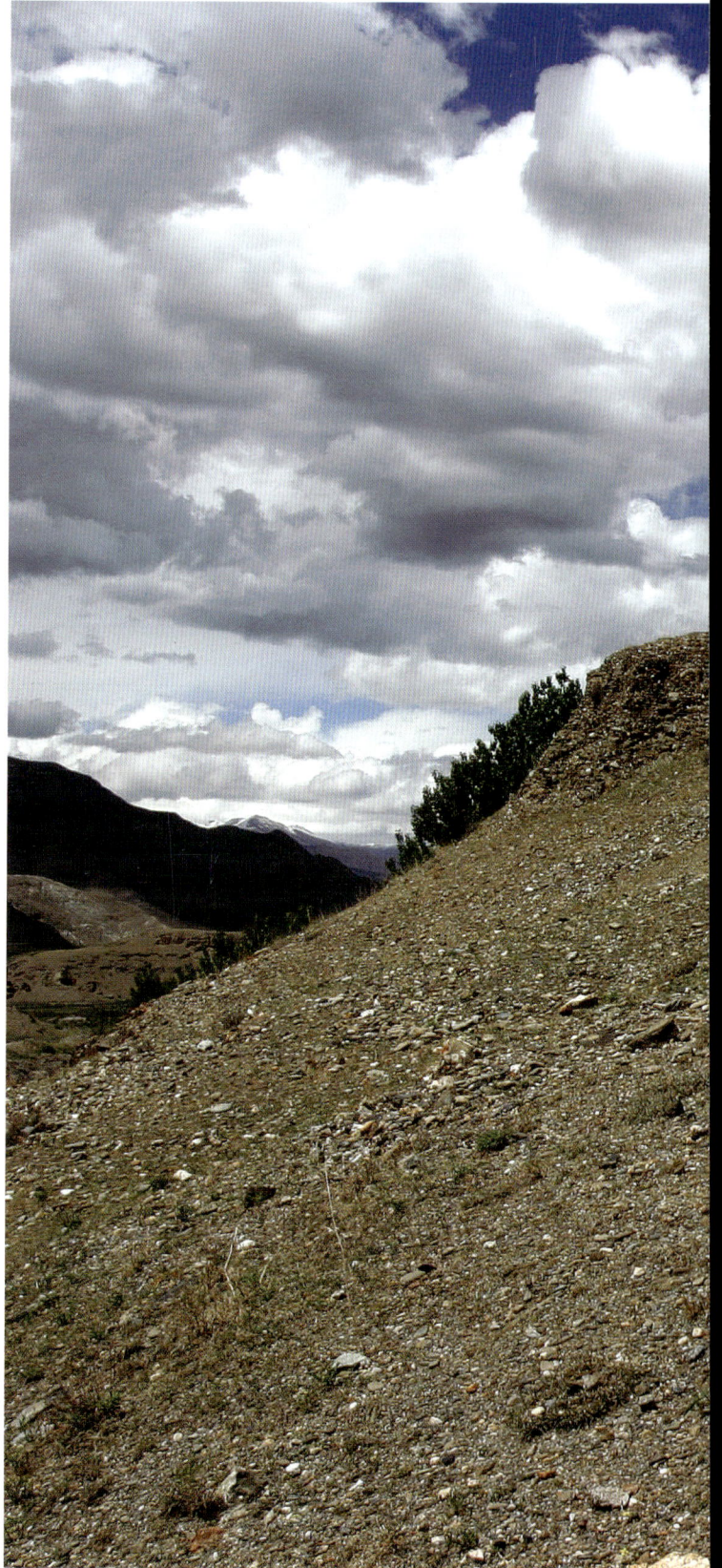

🔼 4 号陵北壁出露的夯层

🔵 4 号陵南壁西侧出露的夯层

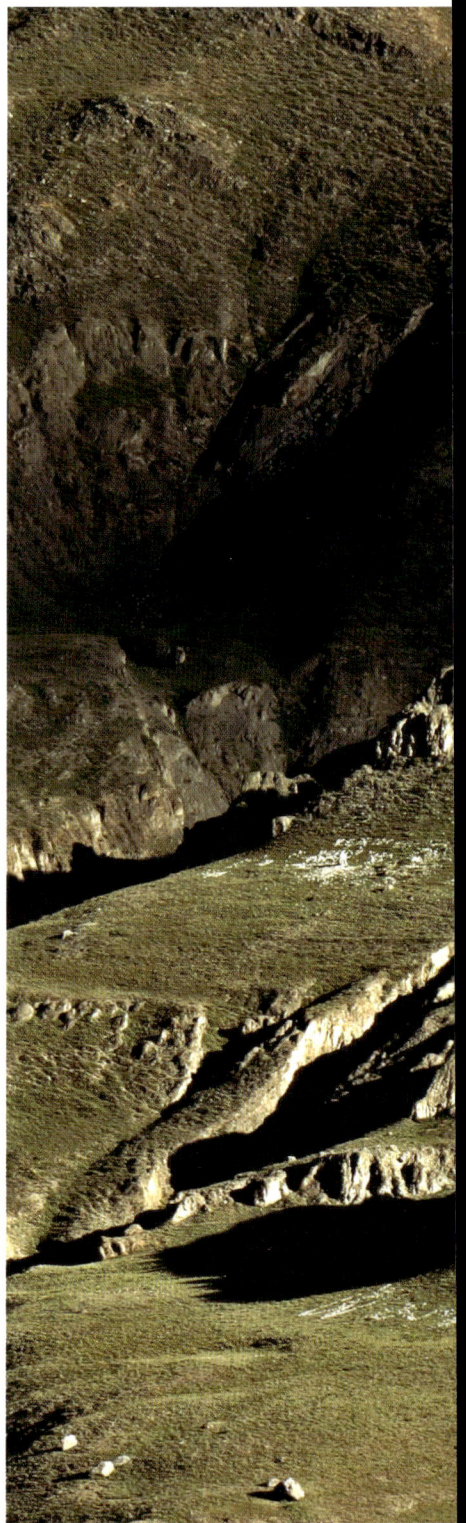

● 东望5号陵

● 建在木惹山麓的 4 号陵

● 建在木惹山麓的 5、6 号陵

● 南望 5、6 号陵

● 秋景中的 1 号和 7 号陵

● 俯瞰 1～6 号陵

● 5 号陵东北角

● 5 号陵封土北侧

① 5 号陵附近的立石

⬆ 5 号陵南侧

⬆ 5 号陵南冲沟边的岩刻痕迹

➡ 5 号陵封土东侧

🔺 6 号陵前的石狮之一

🔵 6 号陵顶局部西侧

🔻 6 号陵封土西壁洞中的察察

● 依山而建的4、5、6号陵。
6号陵处在最高位置

⊖ 藏王陵西区东眺

❶ 向南远眺坐落在木惹山麓的 5 号 6 号陵

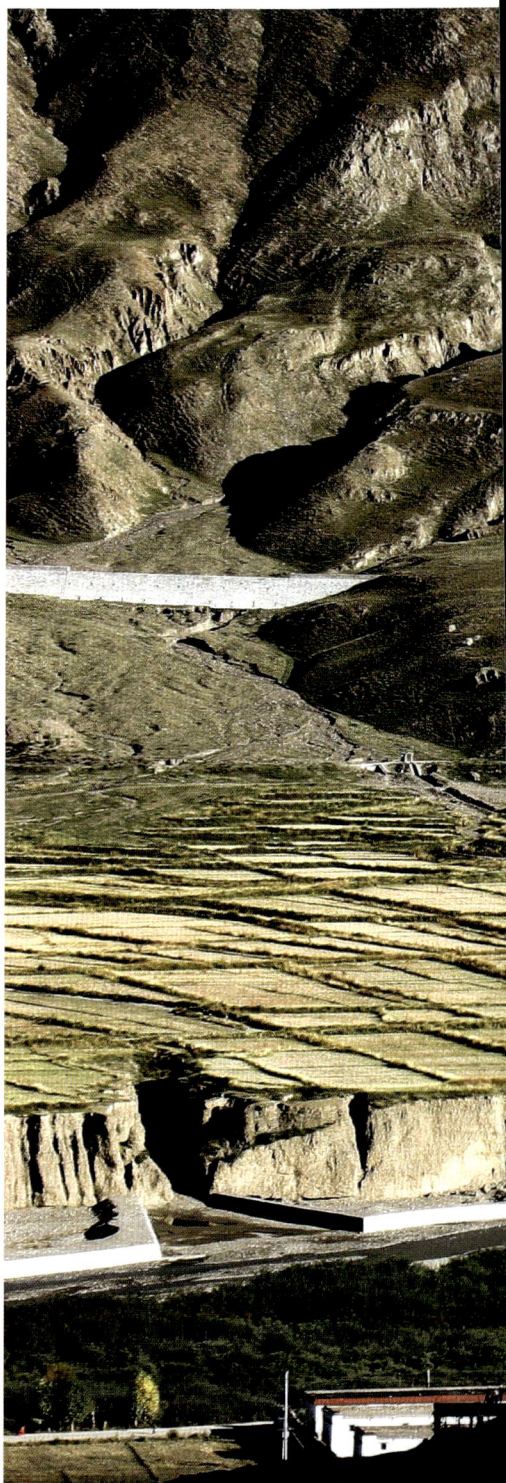

● 在 6 号陵看到的 5 号陵全景

● 在 5 号陵上看到的 4、3、2、1 号陵

● 自下而上排列的 1、2、3、5、6 号陵

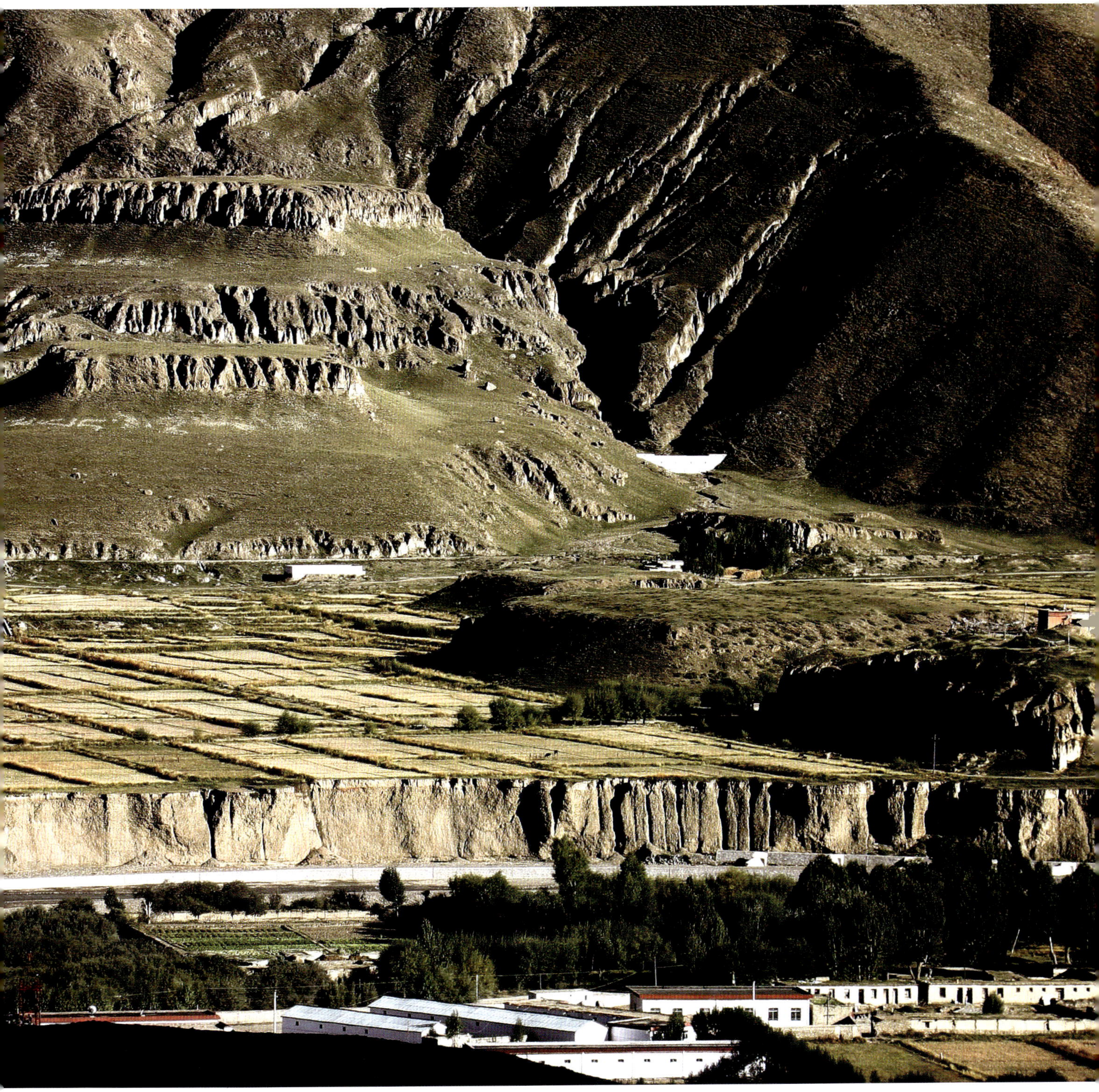

❶处于 5 号和 7 号陵之间的几座小型陵墓

🔼 春季里见到的 7 号陵

● 7 号陵

↑ 7 号陵封土结构

↑ 7 号陵封土南壁

❶ 7号陵封土南侧

🔼 7 号陵

7 号陵与碑亭，山脚下是琼结县城

7 号陵与东南侧的 8 号陵

●8 号陵规模较小，
封土不高

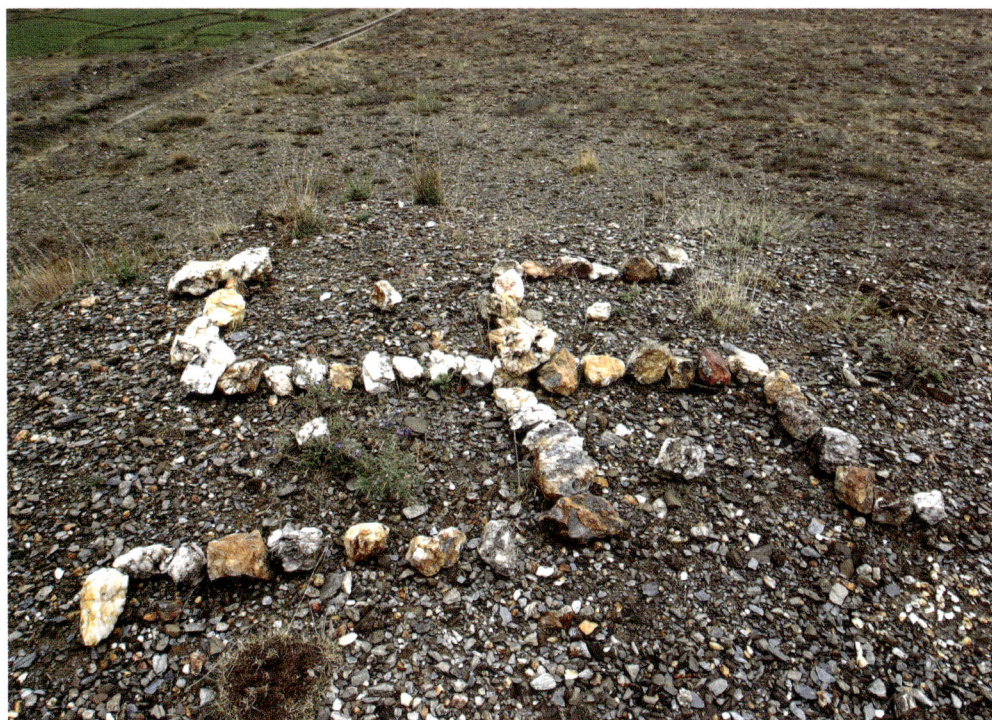

●9号陵北壁。往后望
　去可以看到5、6号陵

●封土低矮的9号陵

↑10号陵封土原本并
　不高大,现在轮廓已不
　清晰

●11号陵顶摆放着
　现代藏民的作品

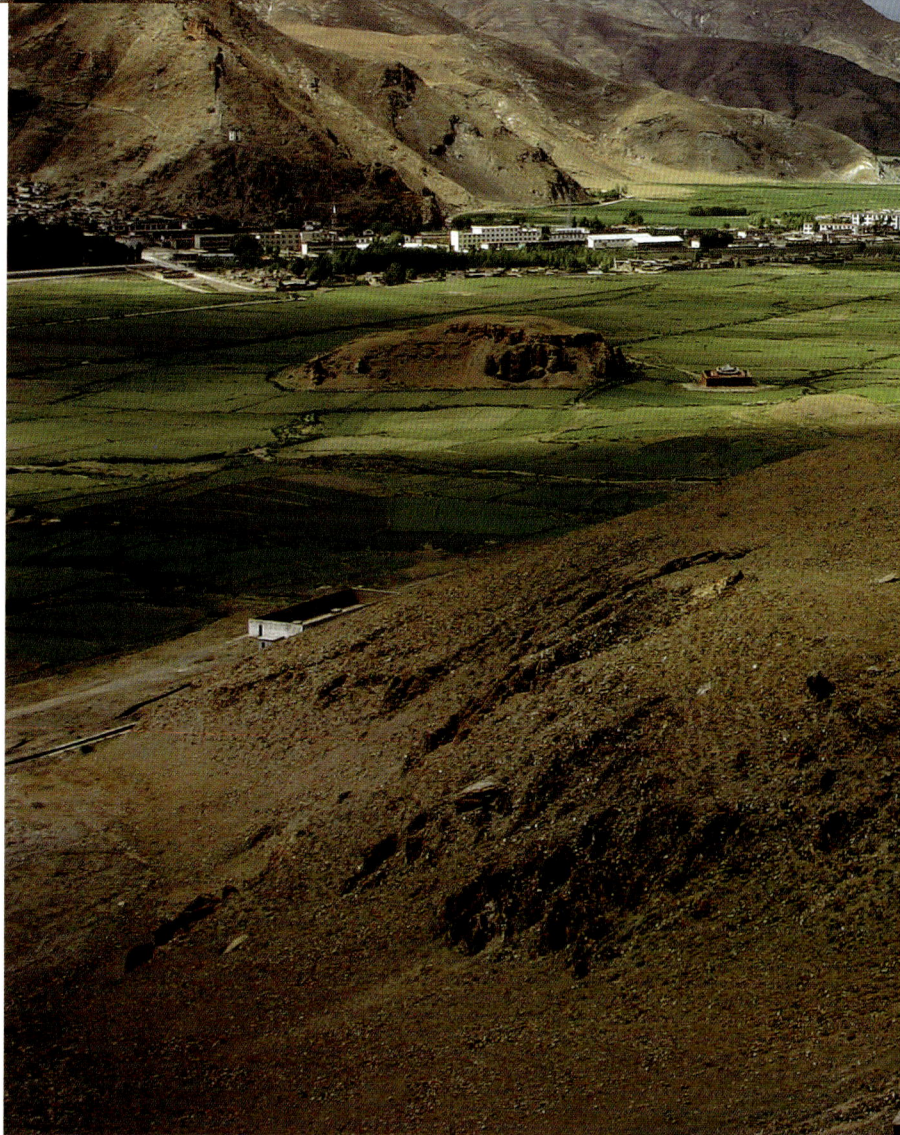

⬆ 被风雨剥蚀的 6 号陵封土南壁

➡ 藏王陵西区东眺

🔼 1号陵顶的松赞拉康

🔽 松赞拉康内景和僧人

❶ 虽然周围地面已经比建陵时淤高了很多，
西陵区的几座大陵丘依然显得巍峨壮观

❶ 菜花簇拥中的 2 号陵

① 东嘎沟远眺

● 由北山望东嘎沟口

● 位于东嘎沟口的14号陵，陵顶建有现代民居

● 14号陵上的民居建筑，这是一个规模不小的院落

← 14、15号陵

● 15号陵封土北壁

● 因为封土较低，15号陵与农田区分并不明显

● 15号陵封土西壁

● 15 号陵封土西壁

● 16 号陵

● 17、18、19 号陵

● 17、18、19 号陵远眺

17、18 号陵南望

17 号陵封土北面全景

17 号陵封土西壁

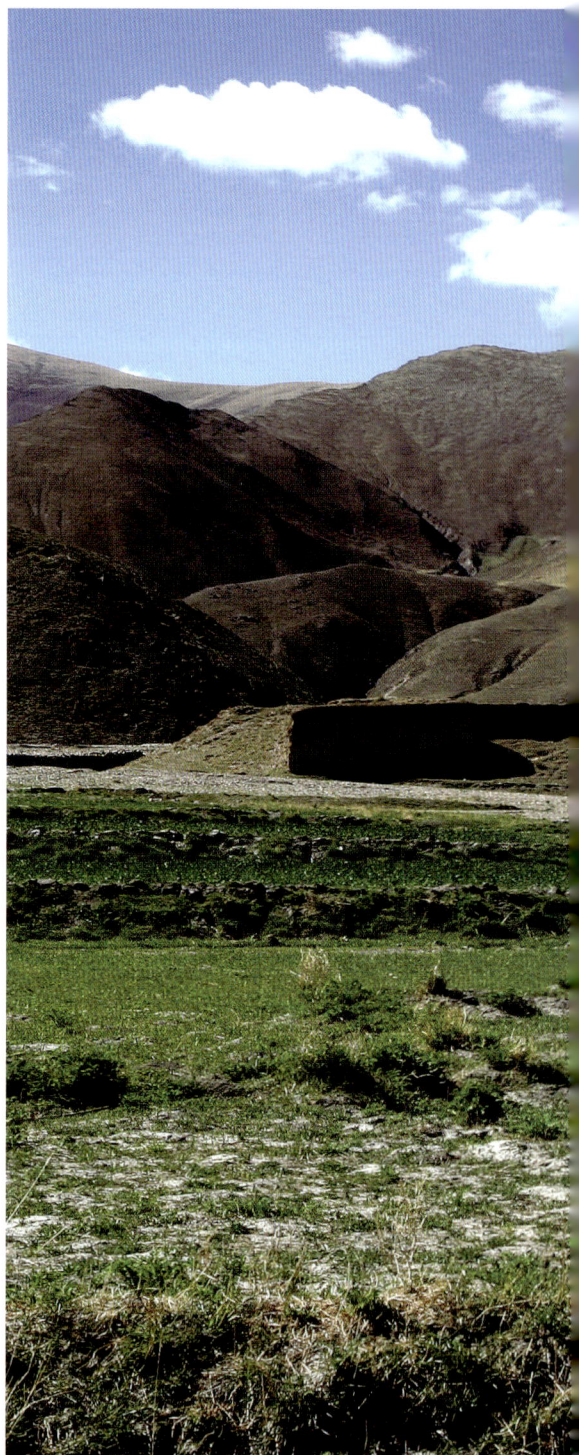

● 18、17号陵西侧

● 18号陵

● 18号陵封土西面

↑ 17、18、19号陵全景

◀ 19 号陵封土北壁

⬆ 19 号陵

⬆ 19 号陵封土夯层

❶ 19 号陵封土西壁全景

❶ 19 号陵西壁南段局部

🔼 19 号陵封土西壁中南段

🔼 相距很近的 17、18、19 号陵

●20号陵。前方面
对的是西陵区

❶ 东嘎沟口

❶ 20 号陵南侧

8

陵墓保存现状

བཙན་པོའི་བང་སོ

❶ 19 号陵北壁南段坍塌状况

● 19 号陵封土保存状况

● 19 号陵封土局部坍塌严重

↑ 14 号陵上的民居将封土变得面目全非

1号陵与琼结河邻近，有被洪水冲刷的危险

僧人和藏王陵

石碑受风雨侵蚀，碑文已经模糊不清了

碑文局部

碑座基础

6 号陵残破的封土局部

● 6 号陵封土
保存状况

● 7 号陵封土
东壁保存状况

● 7 号陵夯土
保存状况

● 7 号陵南壁
封土局部

● 7 号陵石碑碑额局部

● 7 号陵石碑碑额局部

● 7 号陵石碑碑座

↑ 7 号陵石碑

● 7 号陵石碑碑纹

⬆ 藏王陵前的喇嘛们

⬆ 浩荡的人群向着藏王陵进发

➡ 参加望果节的旗手们

○ 望果节的仪仗队向着藏王陵进发

↑ 欢乐的人群穿过陵地

↑ 望果节上的欢乐之舞

❶ 为望果节祝福的喇嘛们

❶青年喇嘛

↑ 望果节上盛装的女子

9

文物保护工程

བཅོས་པོའི་བང་སོ

❶ 陵地附近的村庄

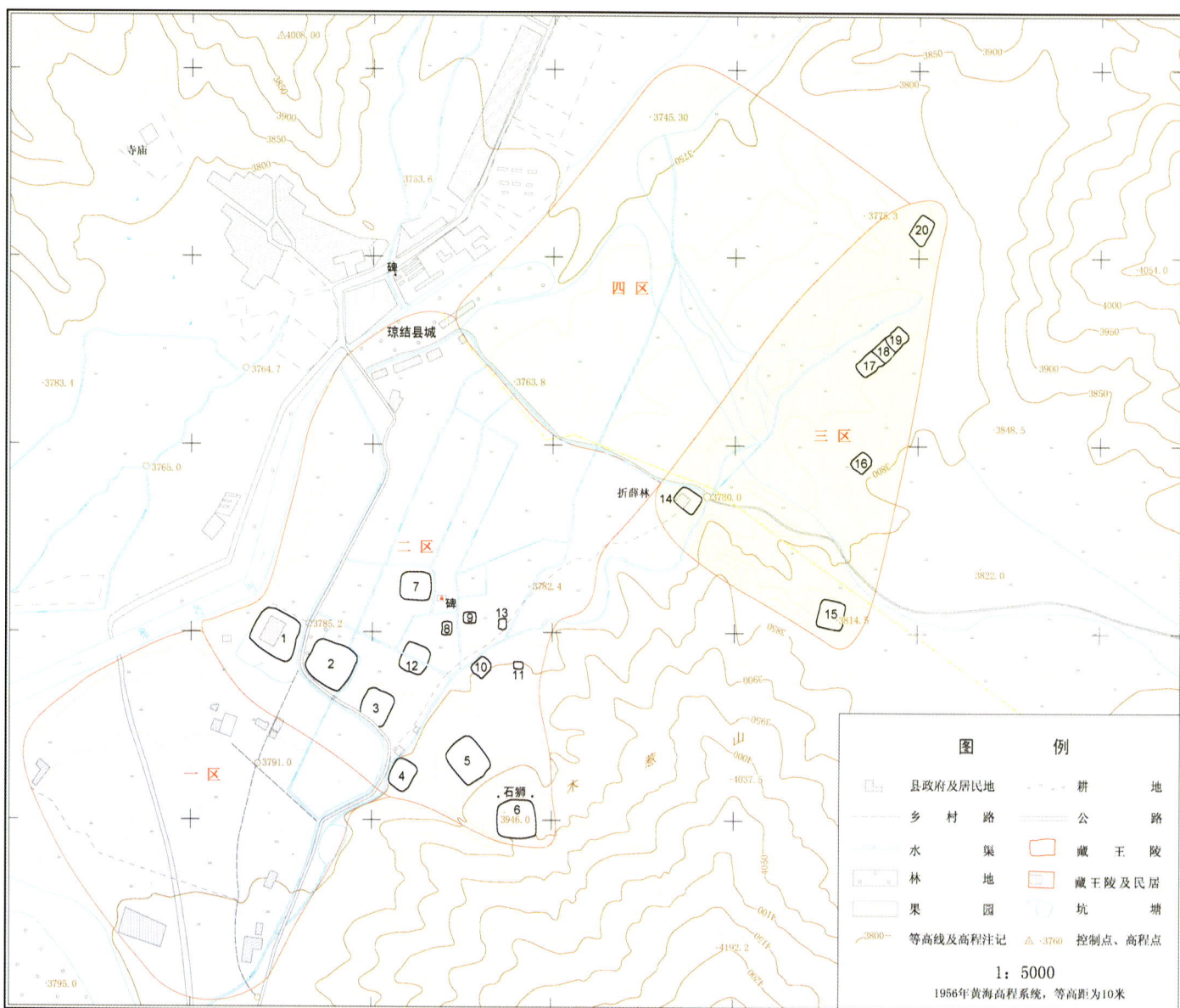

❶ 藏王陵保护区划分图

❶ 紧邻琼结河的松赞干布陵。琼结河两岸已修筑了防护堤，将洪水的威胁减小了

🔷 藏王陵附近的小屋

🔵 碑拓工作现场

🔵 石碑测绘

🔵 碑文拓片，留取资料

附　录

1　琼结藏王陵主要陵墓和石碑资料

1号陵

位于琼结河边，地理坐标为北纬29°01′08.8″、东经91°40′43.1″。海拔3819米。封土平面接近方形，顶小底大呈覆斗形。墓顶长95、宽67米；墓底长130、宽124米；现存高度18米。

封土东边不甚规整，南、西边均见有砂石和水土流失形成的浅冲沟。北边西部可见筑墓结构，可见夹石的夯层，夯层厚0.2米，夹青色石片。采用版筑技术筑墓，一版高1米，长度为5～6米。由于长时期的山洪冲刷和风雨侵蚀，陵墓封土堆的四个侧面都形成了多条长十数米、宽数米、深数米的巨大沟涧，封土整体遭受到较大的破坏。

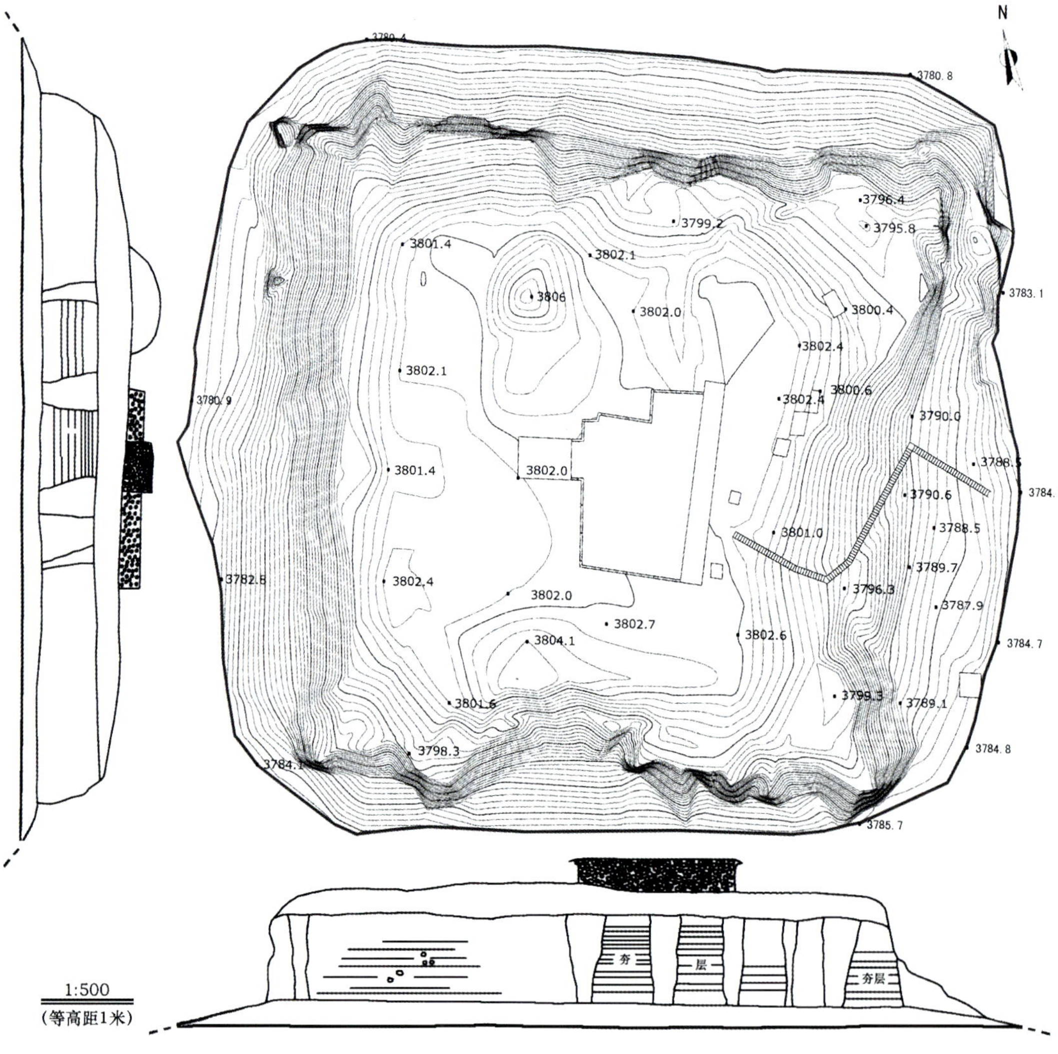

图一　1号陵平面立面图

2号陵

　　在1号陵以东, 两陵平行排列。封土呈覆斗形, 墓顶南北90、东西97米; 墓底南北135、东西148.8米; 封土现存高度约15米。在墓顶中部有一直径约17米的圆形凹坑, 深2米。封土夯筑, 侧面可见夹石结构, 夹石层间距0.2~0.4米, 夯筑方法与1号陵明显不同。

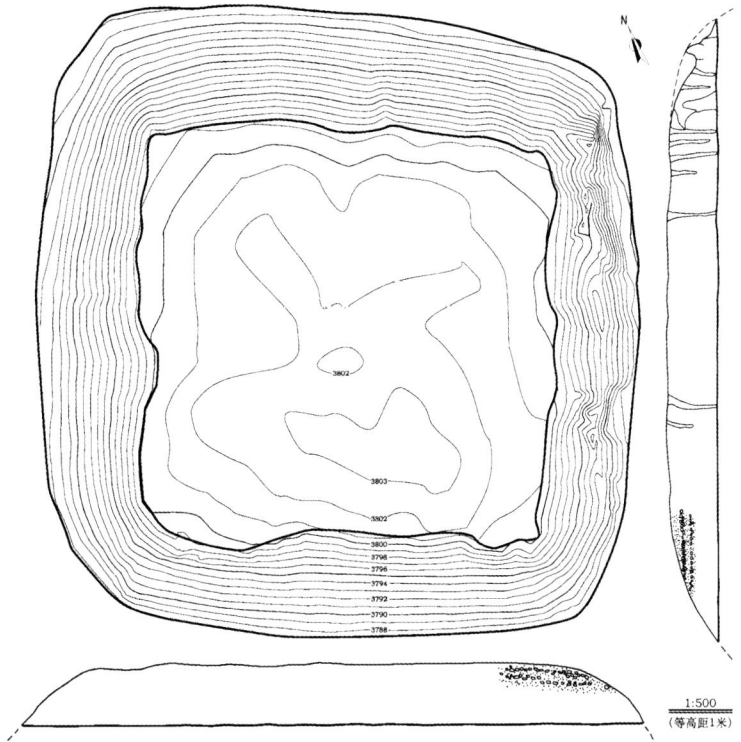

1:500
(等高距1米)

图二　2号陵平面立面图

3号陵

　　在2号陵东侧, 海拔3816米。封土呈覆斗形, 墓顶南北40、东西45米; 墓底南北85、东西92米; 封土现存高度为7米。在墓顶南北中部有一直径约8米的圆形凹坑, 深0.8米。

　　北边可见夯土结构, 为砂土夹石夯筑, 夯层厚度约为10厘米。

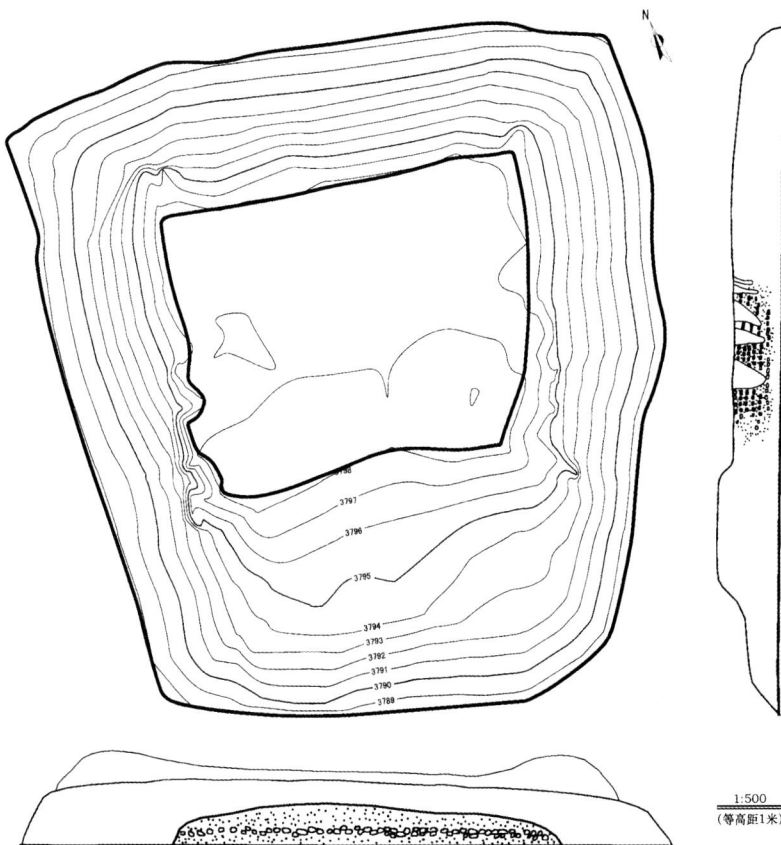

1:500
(等高距1米)

图三　3号陵平面立面图

5号陵

位于木惹山靠近山脚位置，在4号陵东侧，海拔3868米。封土顶部南北长78、东西长84米；墓底南北长110、东西长91.6米；封土现存高度9米。

墓处坡地，随东高西低地势而建。墓顶比较平坦，在中部有一直径27米的凹坑，深3米。封土东边局部可见夯层，为比较纯净的土层，每层厚度在60～90厘米之间。未见夹石结构。

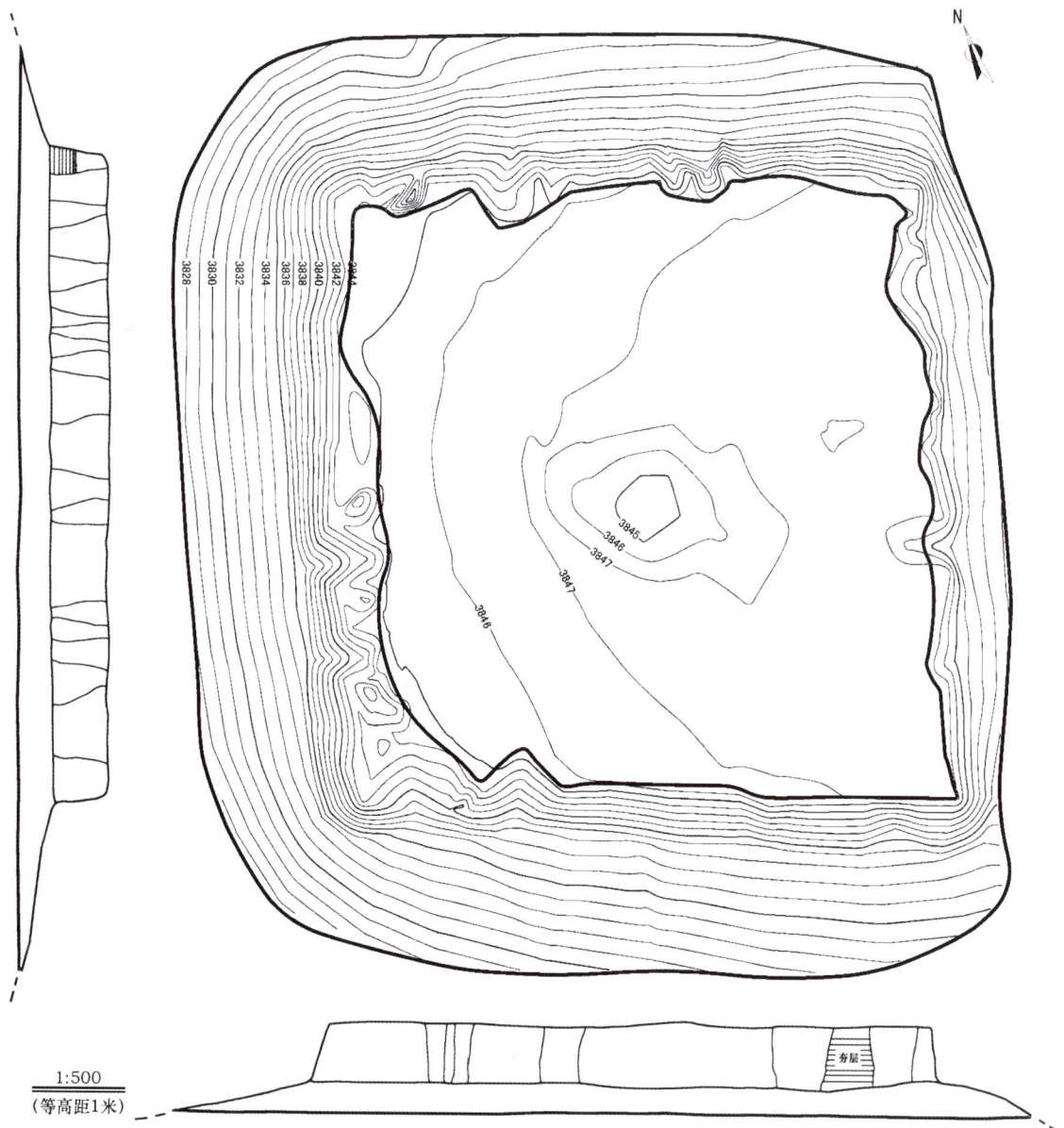

图四　5号陵平面立面图

6号陵

位于木惹山山腰上，是陵区位置最高的一座陵，在5号陵东南，海拔3938米。封土顶部南北长83、东西长90米；墓底南北长136、东西长118米；封土现存高度36米。

墓顶平面呈方形，比较平坦，中央偏南部有一平面呈长方圆角的凹坑，坑长为42米，宽为14米，最深处达5米左右。

在封土西侧面可见夯层，夯层采用夹石筑法，上面是一层厚度2～3厘米的石板层，然后是厚70厘米的土层，接着一层是用直径10厘米左右的石块堆成的厚20厘米的砾石层；再下面又是70厘米的土层，土层下面是厚2～3厘米的石板层。在70厘米厚度的土层里，还均匀夹杂着直径2～4厘米的砾石块。

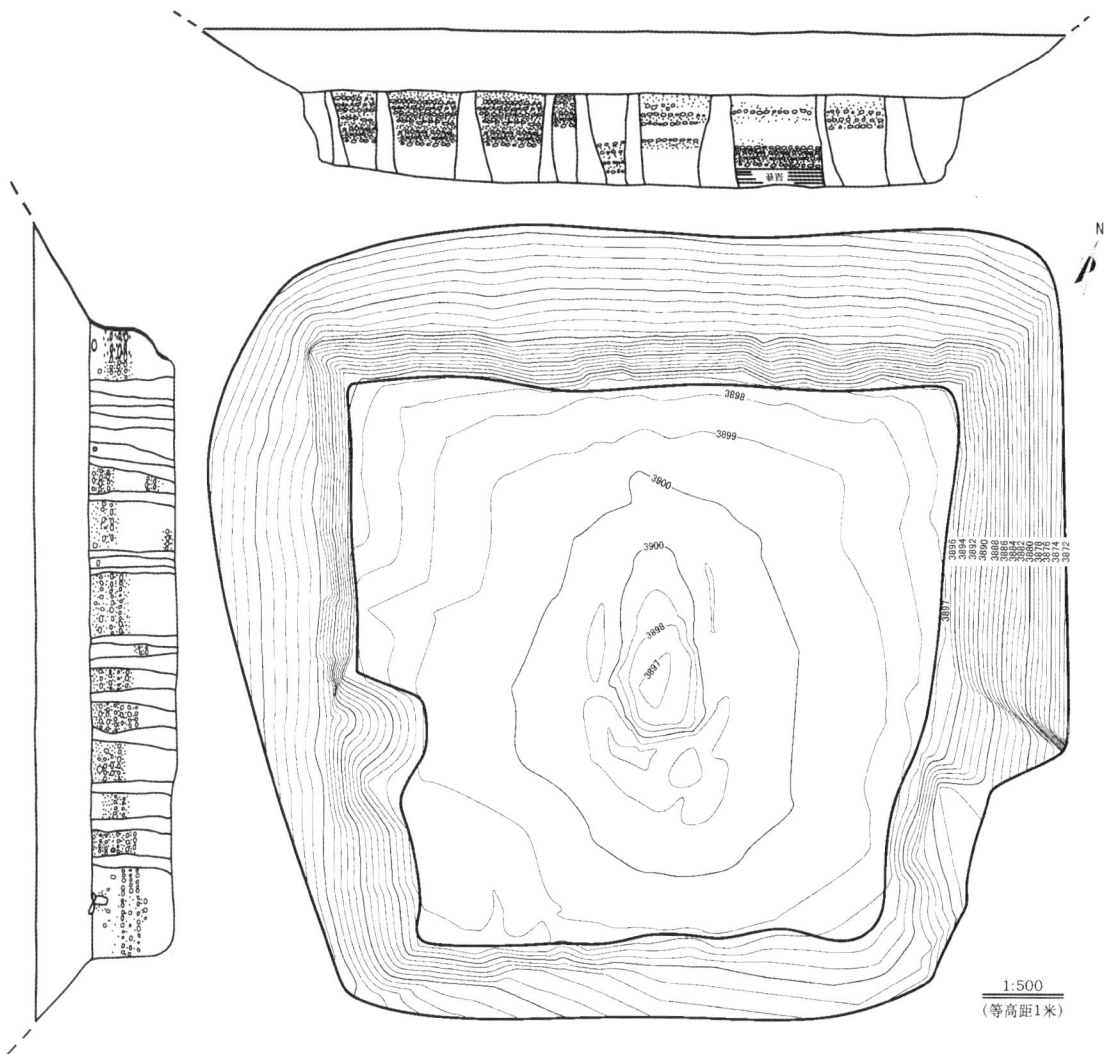

图五　6号陵平面立面图

7号陵

在 3 号陵以北略偏东位置，方向为正南北，海拔 3823 米。

封土平面为方形，墓顶南北长 22.4、东西长 25.1 米；墓底南北长 89.5、东西长 99 米；封土现存高度 11 米。封土各边不甚规整，观察到有厚度 20 厘米的夯层，在西南部发现封土层中夹有一层厚 5 厘米的石片。东边局部发现夹石土层，约 40～50 厘米一层。

封土东侧 36 米处有赤德松赞碑，整碑出露在地面的部分不足 3 米。石碑现筑有保护性建筑，建筑西墙距 7 号陵约 28 米。

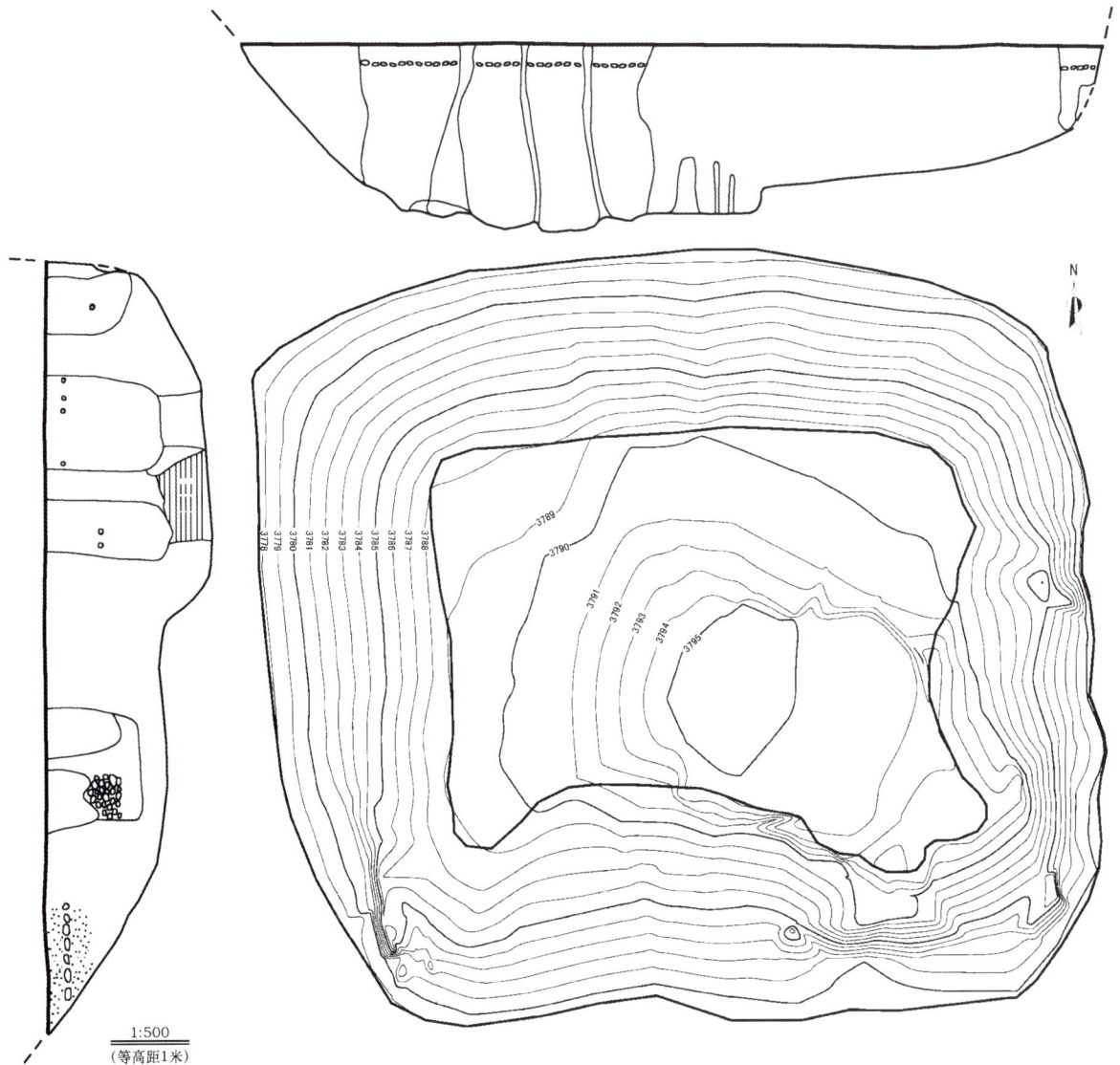

1:500
（等高距1米）

图六　7号陵平面立面图

15号陵

位于东嘎沟南山脚下，在14号陵东南方向。地理坐标为北纬29°01′13.1″、东经91°41′48″。海拔3846米。

封土平面略呈梯形。北边长66、南边长58、东边长56、西边长54米。封土边缘多有坍塌，形成一些长、宽均为3～4米的冲沟。在墓顶有一直径18米的凹坑，深1米。

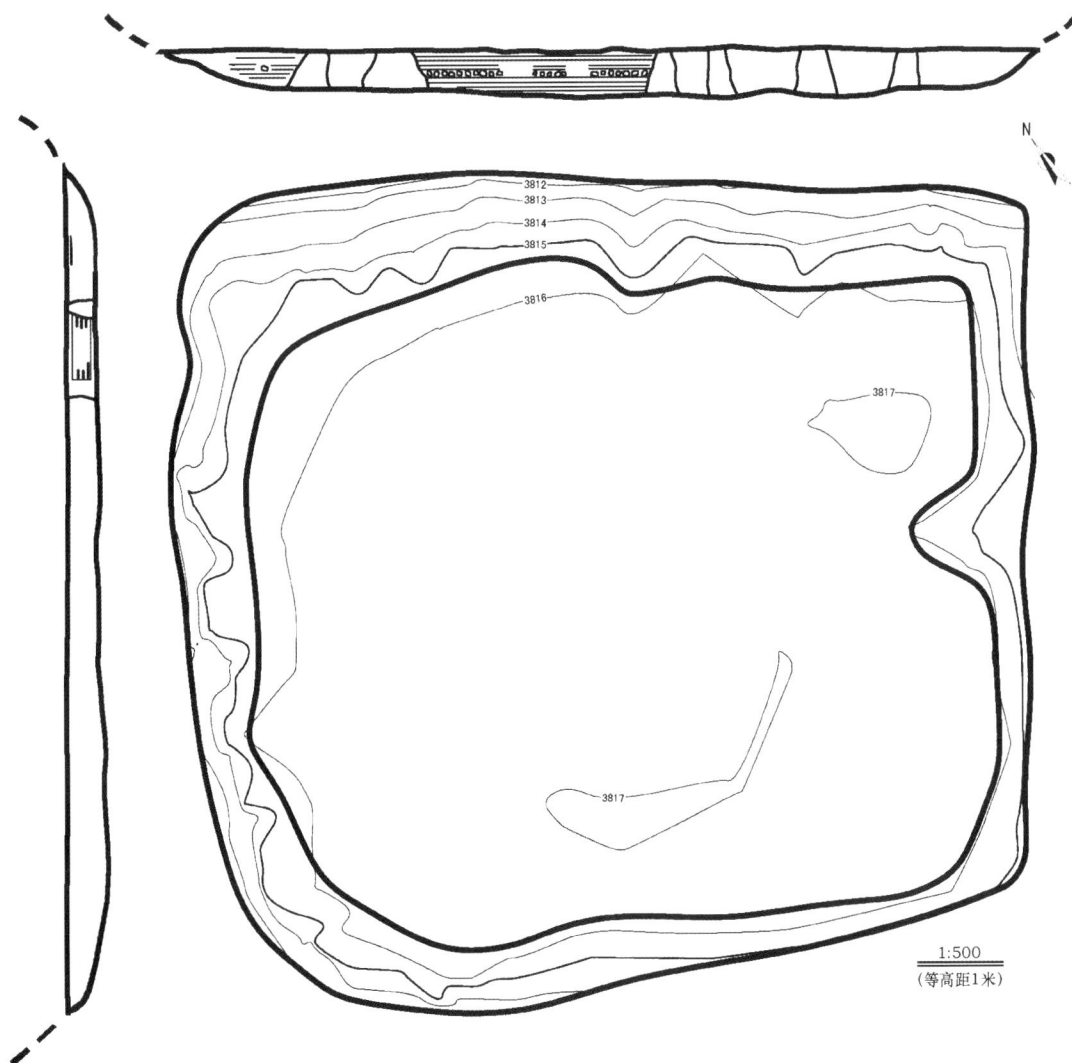

图七　15号陵平面立面图

20号陵

位于东嘎沟北侧山脚下，在19号陵北部方向，地理坐标为北纬29°01′49.3″、东经91°41′55.5″。海拔3813米。封土顶部南北29、东西36米；墓底南北55、东西54.5米；现存高度约为14米。

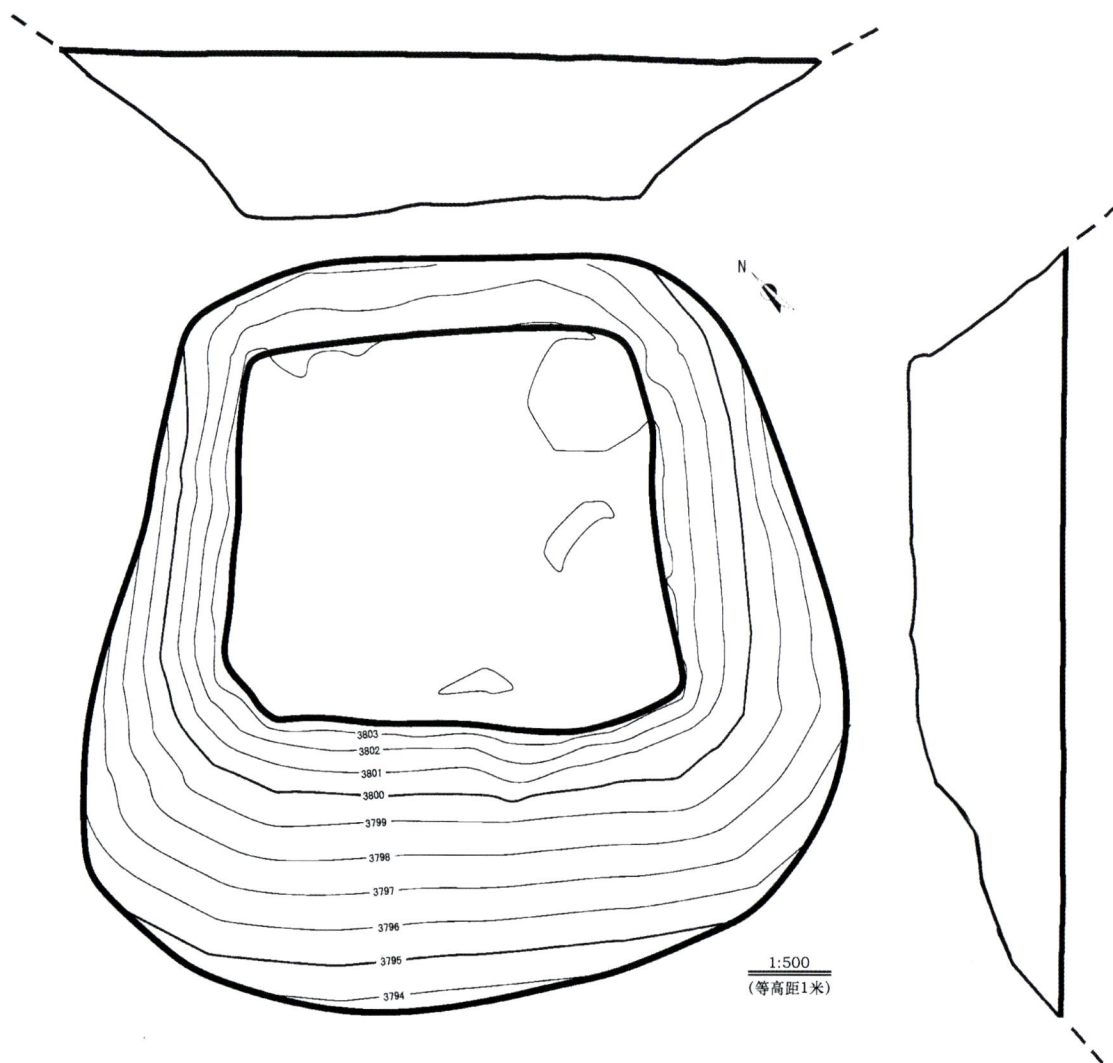

图八　20号陵平面立面图

石碑

陵地存有石碑2件，一为
赤松德赞记功碑，一为赤德松
赞墓碑。

1．赤松德赞记功碑

位于琼结河左岸今县政
府院内西南角。系其子为父所
立颂德碑。石碑通高5.24米，
上端宽0.76米、厚0.33米，下
端宽0.9米、厚0.39米。由碑
帽、碑身、碑座三部分组成，
以石榫结构连接。石碑正面向
西，上刻有古藏文，横书34行。
石碑在露天条件下存放，长期
受温差、风雨剥蚀等影响，石
碑表层局部已经开始粉化，少
数文字和纹饰已模糊不清，局
部有残损。

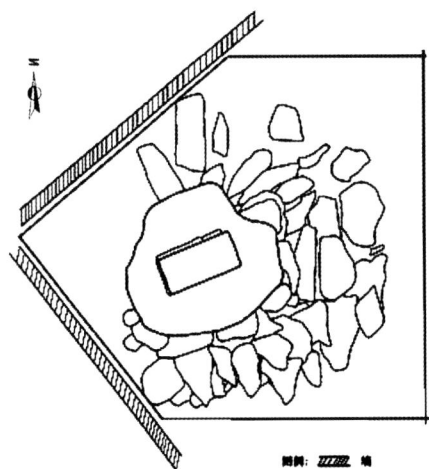

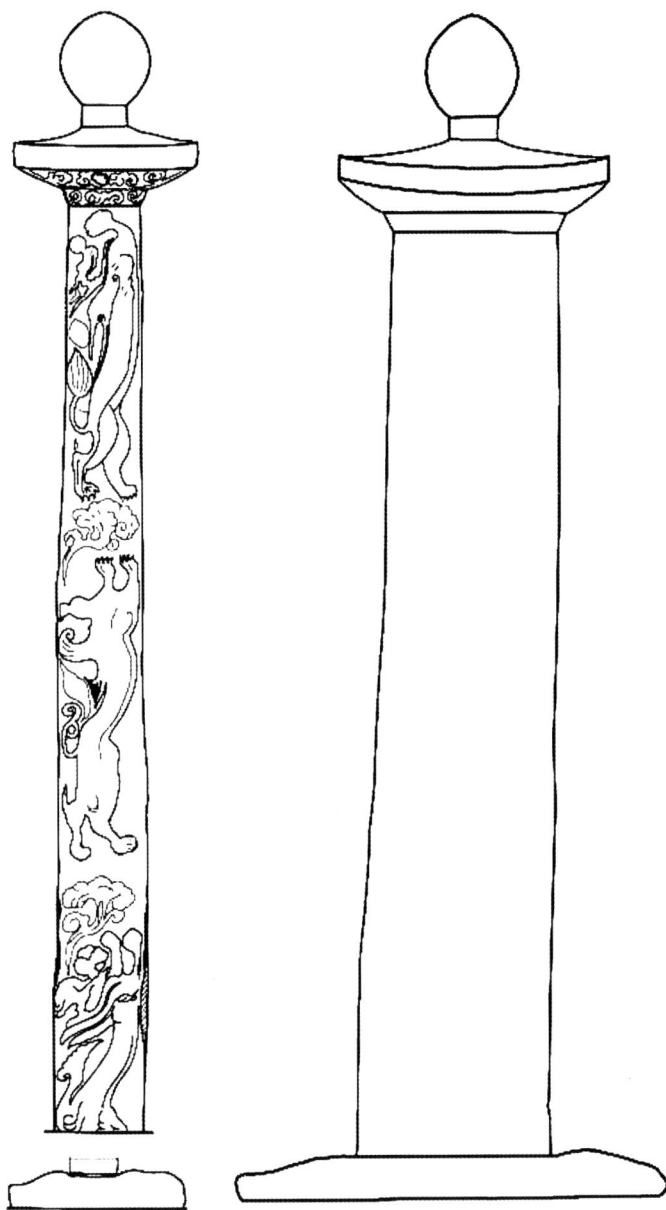

图九　赤松德赞记功碑正面侧面和碑座图

2. 赤德松赞墓碑

位于琼结河右岸，在 7 号陵赤德松赞墓东侧。石碑通高 7.18 米，由碑帽、碑身、碑座三部分组成。帽顶宝珠与碑帽、碑帽与碑身、碑身与碑座，皆为榫卯结构连接。碑身高 5.6 米，上端宽 0.78、厚 0.42 米，下端宽 0.94、厚 0.52 米。碑下为龟趺座，高 0.84、长 2.02、宽 1.86 米。

碑身正面撰刻有藏文 59 行，主要内容是追述了先祖的功德，记述了赤德松赞的功绩。石材表层局部粉化，少数文字和局部纹饰已模糊不清。

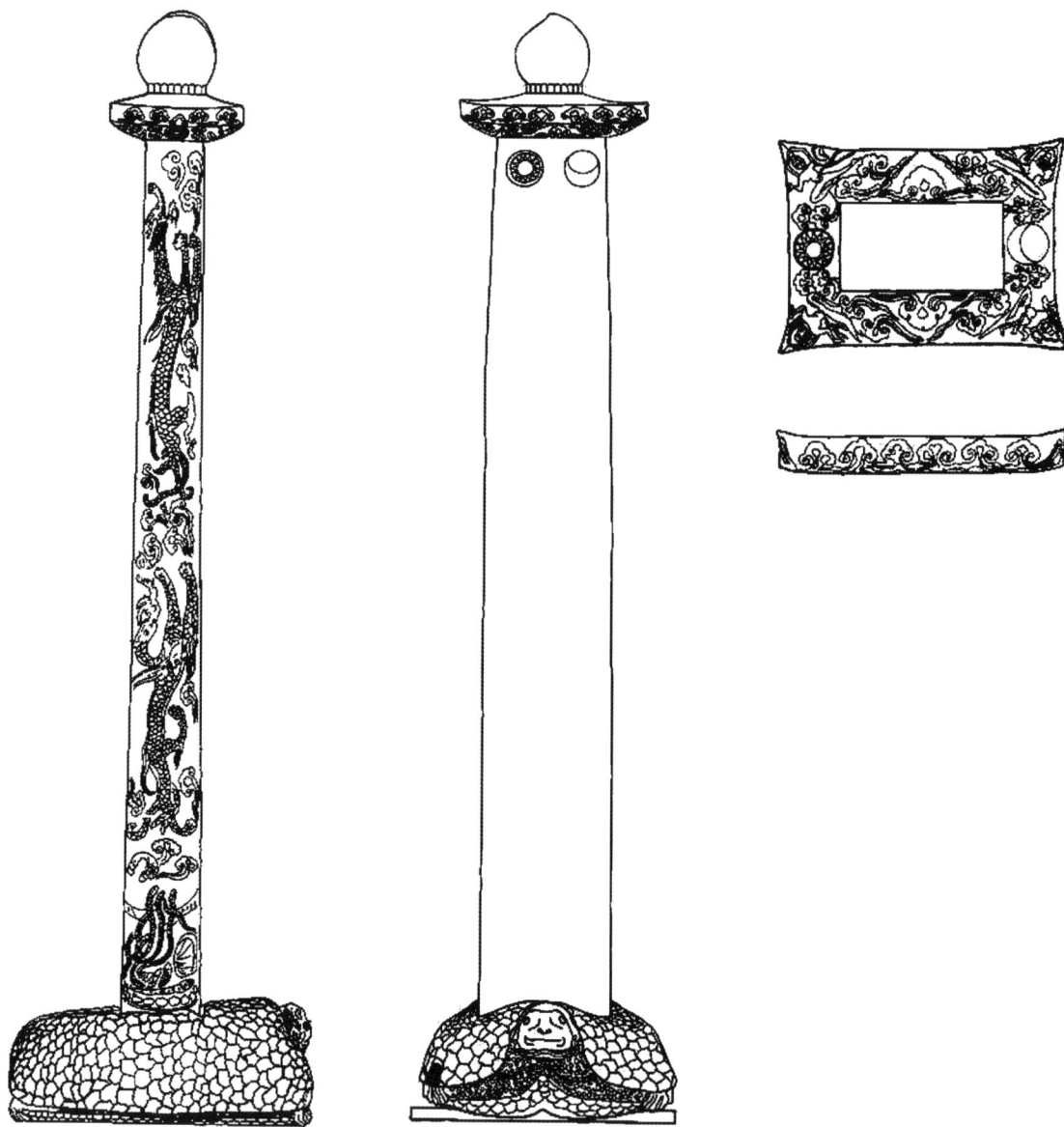

图十　赤德松赞墓碑正面侧面和碑帽图

2 琼结藏王陵一览表

西陵区

编　号	封土类型	封土规模（底长\宽\高）（米）	陵墓主人	陵　　名	陵名释义
1	方形	130\124\18	松赞干布	穆日穆波	紫色穆日山
2	方形	148.8\135\15	芒松芒赞	俄谢塞波	
3	方形	92\85\7	？	拉日坚，神山近旁	僧格孜坚具狮形墙
4	方形	67\66\5	赤松德赞		
5	方形	110\91.6\9	都松芒波支	楚日祖朗	神变山顶侧
6	方形	136\118\36	赤德祖赞	拉日祖南	神山天顶
7	方形	99\89.5\11	赤德松赞	嘉钦楚日	楚山大王陵
8	方形	41.9\33\4.8	？		
9	方形	21.8\19\3	？		
10	方形	38.2\37\6	绛察拉本		
11	方形？	34\32.7\2.5	牟尼赞布	拉日典布	
12	方形？	36.5\30.9\5	朗达玛	邦仁科洛坚	环形台阶
13	方形？	130\124\7	微松	杰乌拉典	

东陵区

编号	封土类型	封土规模（底长\宽\高）（米）	陵墓主人	陵　　名	陵名释义
14	梯形	87\54\76\4.7	牟底赞普	伽仁典巴	
15	梯形	66\58\54-56\？	朗日松赞	贡日索嘎	肩胛形雪山
16	方形	37.5\29.4\2.5	贡松贡赞	贡日贡钦	
17	？	64\48\7	赤涅桑赞		
18	？	44\28\4	仲年德如	苏切东波	圆形活人墓
19	长方形？	94.5\46.5\6	达日年色		
20	方形	55\54.5\14	赤祖德赞	赤丁芒日	

3　汉译藏文献中有关琼结藏王陵陵位的记载

		第吴教法源流	雅隆尊者教法史	王统世系明鉴	汉藏史集	贤者喜宴	西藏王臣记
1	赤聂桑赞		陵墓在敦卡达	陵墓在敦卡达	陵墓在敦卡达	陵墓在敦卡达	陵墓在喀达
2	仲年德如		陵墓在香达	陵墓在香达	陵墓在香达	陵墓在香达	陵墓在香达
3	达日年色		陵在敦卡达赤聂松赞左，上旁有王妃及弟墓2座	陵墓在敦卡达，赤聂桑赞之左	陵墓在敦卡达，赤聂桑赞左上	陵墓在敦卡达,赤聂桑赞之左	陵墓在敦卡达
4	朗日伦赞		陵墓在敦卡达，松赞之左	赤聂桑赞之右	赤聂桑赞之右	赤聂桑赞之右	陵墓在敦卡达
5	松赞干布		陵墓在穷波达	陵墓在琼结河谷	陵在琼结河谷	陵墓在雅隆琼波	陵墓在雅隆琼结
6	贡松贡赞	陵墓在敦卡达朗日松赞之右	陵墓在敦卡达,朗日伦赞之左	陵墓在敦卡达,朗日伦赞之左	陵墓在敦卡达,朗日伦赞之左	陵墓在敦卡达,朗日松赞之左	陵墓在敦卡达
7	芒松芒赞	松赞干布之左	在父贡松贡赞之左	松赞干布之左	松赞干布之左	松赞干布之左	贡松贡赞之左
8	都松芒波支	神变王之左（芒松芒赞）	芒松芒赞之左	芒松芒赞之左	芒松芒赞之左	芒松芒赞之左	芒松芒赞之左
9	赤德祖赞	神变王（都松芒波支）之左	都松芒波支之左	都松芒波支之左	都松芒波支之左	神变王(都松芒波支)之左	在木惹山
10	绛察拉本		在祖陵前	祖父都松芒波支陵前	父王赤德祖赞陵前	先祖陵前	在木惹山
11	赤松德赞	父王赤德祖赞的后方	父王赤德祖赞右后方	父王赤德祖赞之右后方,有碑	陵前有石碑	赤德祖赞之右后方,墓前有碑	在木惹山
12	牟尼赞普	赤德祖赞之右	美髯公赤德祖赞右前方	其祖赤德祖赞之右前方	赤德祖赞之右前方	赤德祖赞之右前方	在木惹山
13	牟底赞普		陵墓在敦卡达	陵墓在敦卡达	陵在敦卡达	陵墓在敦卡达	在神变王陵前
14	赤德松赞	神变王的前方	大君王都松芒波支陵前	陵墓在敦卡达	陵墓在楚嘉达,陵前有碑	松赞干布陵前	陵墓在敦卡达

续表

		第吴教法源流	雅隆尊者教法史	王统世系明鉴	汉藏史集	贤者喜宴	西藏王臣记
15	赤祖德赞(热巴巾)		陵墓在敦卡达左方	陵墓在敦卡达左角	陵墓在敦卡达左,有无字碑	陵墓在敦卡达左面	陵墓在敦卡达的左方
16	朗达玛	神变王与大法王之间	在都松芒波支与赤松德赞大君王陵之间	都松芒波支与赤德松赞之间		神变王与大法王之间	神变王与大法王之间
17	微松	神变王的后方	都松芒波支后	都松芒波支后	神变王之后	神变王之后方	

4 各家考证藏王陵陵位一览表

陵 号	黎吉生说	王毅据	西藏文管会说《王统记》说	霍巍说	王仁湘等说
1	松赞干布	松赞干布	松赞干布	松赞干布	松赞干布
2	芒松芒赞	绛察拉本	芒松芒赞	芒松芒赞	芒松芒赞
3	都松芒波支	都松芒波支	都松芒波支	都松芒波支	?
4	赤德祖赞	牟尼赞普	赤德祖赞	赤松德赞	
5	赤松德赞	芒松芒赞	赤德祖赞	赤松德赞	都松芒波支
6	赤祖德赞	赤德松赞	赤松德赞	赤祖德赞	赤德祖赞
7	赤德松赞或达玛	赤松德赞	赤德松赞	赤德松赞	赤德松赞
8	牟尼赞普	赤德祖赞	?	牟尼赞普	?
9	牟茹赞普	牟尼赞普	朗达玛		?
10	绛察拉本	?	绛察拉本	绛察拉本	
11				朗达玛	牟尼赞普
12					朗达玛
13					微松
(14)			赤祖德赞	?	牟底赞普?

5　吐蕃赞普事功录

赤聂桑赞（khri—snya—zung—brtsan）

《新唐书》中译作揭利失若，拉托托日年赞与王妃诺萨芒波杰儿廓（《贤者喜宴》记为诺萨芒嘎尔）之子，娶没卢氏董姜协热为王妃。赤聂桑赞时期，大兴农田水利，"串联湖泊向上引水；将沟头之水蓄入池中，昼夜饮水灌溉"[1]。赤聂桑赞死后，陵墓建在敦卡达。他是第一个有记载葬在敦卡达的藏王。

仲年德如（vbro—gnyen—lde—ru）

又译作没卢年德如，《新唐书》译作勃弄若，赤聂松赞与没卢妃董姜协热之子。娶塔波地方（约在今西藏加查县和朗县境内）的琛氏女鲁结恩姆措为妃。该妃患有麻风病，并传给了仲年德如。为防止将麻风病传给后代，赞普、王妃与大臣聂塘巴亚杰在活着的时候便住进墓中，自行活葬。据藏文史书记载，他们的墓建在香达地方，名"苏切东波"，意为"圆形活尸林"。

达日年色（stag—ri—gnyan—gzigs）

《新唐书》译作讵素若，《敦煌本吐蕃历史文书——赞普传记》中作达布年色（stag-bu-snya-gzigs），仲年德如与琛妃鲁结恩姆措之子，先天失明，故名盲眼王子衮巴扎。后经吐谷浑名医治愈，复明后能从雍布拉康宫殿看到吉雪（拉萨河下游一带）达莫山上吃草的盘羊，故又名达日年塞，意为看见虎山上的盘羊。达日年塞娶沃果东尊卓朵尔为妃，居青瓦达孜城宫（即琼瓦达孜宫）。

此王执政期间，雅隆悉补野部落开始向雅隆河谷以外扩张，兼并了毗邻诸部，成为雅鲁藏布江南岸地区最强大的部族之一。执政后期，他与北部邻国的反叛势力秘密结盟，试图推翻该国君主森波杰的统治，不料未及发兵征战就去世了。传说他的陵墓建于敦卡达，位于赤聂松赞陵墓的左上方。他的陵墓下方还有王妃没卢萨门赞和门浦杰岑二人的墓。

伦赞隆楠木（slon—btsan—rlung—nam）

或称赤论赞，《新唐书》作论赞索，尊号朗日伦赞（gnam-ri-srong-btsan），意为"政比天高，盔（权势）比山坚"[2]。达日年塞与王妃沃果氏董尊卓嘎尔之子，娶蔡邦氏女甄玛托桂（vbring-ma-thog-dgos）为妻。

朗日伦赞时期，悉补野部落基本上统一了雅隆河与拉萨河流域诸部。据藏文史籍记载，达日年塞死后，朗日伦赞亲率1万大军征讨埃波，在反叛贵族的帮助下，大败其王古陟森波杰，将埃波改名为彭域。对北方的征服，使悉补野部获得大量的牧场，并拥有了盐池，这对后来松赞干布进一步向外扩张，逐步统一青藏高原奠定了基础。此后朗日伦赞又将藏蕃收于治下，并平定了达布叛乱。然而，由于朗日伦赞重用新臣，引起了吐蕃内部的不和，导致"父（朗日伦赞）系臣民生怨，母系臣民叛乱，姻戚象雄、犏牛产地孙波、聂尼、达布、工布、娘布等也全部叛离，父王朗日伦赞被进毒遭害"[3]。朗日伦赞去世后，被葬在敦卡达，陵墓位于赤聂桑赞的右方，墓呈方形，名贡日索卡。

松赞干布（srong-btsan-sgam-po，公元 617～650 年）

又名赤松赞，汉文史籍中称弃宗弄赞、器宗弄赞、不夜弄赞、弄赞、弃苏农、弃苏农赞等，松赞干布为其尊号。他统治的时期，是吐蕃社会取得巨大进步并发生重大转折的时期。

公元617年，松赞干布出生于强巴米居林宫（位于今墨竹工卡县甲马伦乡达村）。父朗日伦赞，母蔡邦氏女甄玛托桂。13岁时，国家发生动乱，父王朗日伦赞被叛臣所杀。松赞干布在娘·芒波杰尚囊、噶尔·芒相松囊、琼保·邦色苏孜、韦·义策等大臣的帮助下临危继位，平息了叛乱，逐步将"叛离之庶民复归辖下"[4]，兼并了苏毗、象雄等地。随后，他迁都逻些（今拉萨），在青藏高原建立起一个强大的吐蕃王朝。

为了巩固王权，加强对辖土的统治，松赞干布制定了一套行之有效的职官和行政制度。他将吐蕃本部分为四如（后增至为六如），即：伍如、约如、叶如和如拉。每如设如本、副将各一人。如的下面设东岱（意为千户所），长官名东本。如本和东本均由赞普任命。在中央设大论、副大论各一人，辅佐赞普掌管吐蕃军政大事；又设内大论副内大论各一人，掌管内政。为区别职官的等级贵贱，又制定了诰身制度，对不同的官阶配以不同的章饰，"最上瑟瑟，金次之，金涂银又次之，银次之，最下至铜止，差大小，缀臂前以辨贵贱"[5]。

松赞干布的另一大贡献是创制文字，制定法律。他派遣吞米桑布扎等贵族子弟到印度等地学习梵文和西域诸国文字，回来后创制了藏文——一种由30个辅音字母、4个元音字母组成的拼音文字。随后，松赞干布又下令制定统一法规，颁布实施了"法律二十条"（又称《二十章法》）。据《敦煌藏文历史文书》记载，"吐蕃之典章大法，臣相的品位等级，大小官吏之权势，善行之奖赏，恶行之惩治，农牧计量之皮张与"朵儿嘎"，均衡物资之升、合、两等，吐蕃之一切纯善法制典章，都出自赤松赞普时代"[6]。这些法后经历代赞普的补充与完善，最终形成为吐蕃的"六类大法"。

松赞干布一生娶有五位王妃。其中三位是藏族，一位为尼泊尔的赤尊公主，还有一位就是唐朝的文成公主。贞观十五年（公元641年），唐太宗将宗室之女文成公主许嫁吐蕃赞普，松赞干布"亲迎于河源"[7]。文成公主进藏时，携带了大量的佛经、医书、历算等书籍以及各种技师与工匠，中原文化与先进的生产技术随之传入吐蕃。松赞干布仰慕唐朝文化，敕令摒弃吐蕃弊习，派豪族子弟入中原学习。由于尼、唐两公主信奉佛教，松赞干布为她们建造了著名的大昭寺和小昭寺。文成公主入藏后，松赞干布与唐王朝一直保持着良好的关系。公元649年（贞观二十三年），唐高宗封松赞干布为驸马都尉、西海郡王，赐物两千段。公元650年

（唐高宗永徽元年）松赞干布卒，次年葬于雅隆琼波。据藏文史籍记载，松赞干布陵墓为方形，内为网格状，有神殿五座，墓名为穆日穆波。

贡松贡赞（gung—srong—gung—btsan）

松赞干布与蒙妃赤姆年董登之子，娶吐谷浑的昆觉芒姆杰赤噶尔为妻。贡松贡赞早逝，死时父王松赞干布仍在位。据藏文史书记载，他的陵墓建在敦卡达，位于祖父朗日伦赞墓的左侧，名贡日贡钦陵。

芒松芒赞（mang—srong—mang—btsan，公元650~676年在位）

又称芒伦芒赞，《通典》中称乞黎拔布。唐高宗永徽元年（藏历狗年，公元650年）松赞干布去世，其孙芒松芒赞继位。芒松芒赞年幼，"国事皆委禄东赞（即大相噶尔·东赞域宋）"[8]。噶尔·东赞域宋继承了松赞干布时期的方针，进一步完善法律，发展经济。在他的主持下，对吐蕃的户籍进行了清查，划分"桂（武士）"、"庸（属奴）"。芒松芒赞在位期间，吐蕃吞并吐谷浑，攻陷唐西域羁縻十八州，占领了龟兹拨换城（安西都护府治，在今新疆维吾尔自治区阿克苏县）。公元663年（高宗龙朔三年，藏历猪年），噶尔·东赞域宋利用吐谷浑内部的不和，将吐谷浑收于治下，吐谷浑王慕容诺曷钵携残部逃往凉州。噶尔·东赞域宋去世后，其长子赞悉若继任大相，次子钦陵掌握军权，噶尔兄弟把持朝政，继续向外扩张。公元670年（高宗咸亨元年，藏历马年），吐蕃大将钦陵率领20万吐蕃军队在青海湖以南的大非川（青海省共和县切吉草原）与护送吐谷浑王返乡复国的十余万唐朝军队交战，战胜了唐军。吐蕃占有吐谷浑后，吐蕃的北境直接与唐朝的河陇相接。吐蕃以此为跳板，进攻西域。同年，吐蕃"入残羁縻十八州，率于阗取龟兹拨换城，于是安西四镇并废"[9]。

芒松芒赞娶没庐赤玛略为王后，生子都松芒波杰。公元676年（唐高宗仪凤元年，藏历鼠年），芒松芒赞在仓邦那去世，陵墓建在祖父松赞干布的左侧，取名俄谢晒波。

都松芒波杰（vdus—srong—mang—po—rje，公元676~704年）

尊号赤都松。汉籍中为"器弩悉弄"或"乞梨弩悉笼"。由于他"除心府深沉外，还武艺高强，其殊圣为凡人所不及"[10]，故又被称之为"神变王"。

公元676年，芒松芒赞去世后不久，王后没庐赤玛略在扎之拉隆生下遗腹子都松芒波杰。都松芒波杰年幼登基，噶尔兄弟专权。《新唐书》载"钦陵专国久，常居中制事，诸弟皆领方面兵，而赞婆专东境几三十年，为边患。兄弟皆才略沈雄，众惮之"[11]。赞普长大后，深感王权受到威胁，欲收回权力，于是与大臣论岩一起设计除掉了噶尔兄弟。公元698年（武后圣历元年，藏历狗年），都松芒波杰趁钦陵领兵在外之际，先杀其亲党两千余人，后又亲自率兵讨伐钦陵。钦陵兵溃自杀，其弟赞婆携侄芒波杰及部众降唐。翌年，都松芒波杰查没了噶尔家族的全部财产，结束了近半个世纪的噶尔家族专权的局面。

都松芒波杰时，王权得到了加强。"往昔各代赞普之中，其甲利兵坚，政令四波，未有能够超越此王者"[12]。据汉文史籍《新唐书》记载，他执政时期势力所及"东与松（州）、茂（州）、巂（州）接，南极婆罗门，西取四镇，北抵突厥，幅员余万里，汉、魏诸戎所无也"[13]。他在位期间，平定象雄、大藏等地的叛乱；加强禁卫军建设；任命六大"岸"官和"大五百部（长）"；颁布治理孙波如、吐谷浑的法令。

都松芒波杰执政后期，吐蕃与唐朝的战争不断。公元692年（唐武后长寿元年），唐大将（武威军总管）王孝杰大败吐蕃，收复西域四镇，使唐朝在西域与吐蕃的对峙中处于优势，直至安史之乱。公元702年（唐武后长安二年，藏历虎年），都松芒波杰率军攻打唐土松州（今四川松潘）、洮州（今甘肃临潭）。接着又亲征六诏（南诏），不幸死于军中。据藏文史籍记载，都松芒波杰的陵墓位于其祖父芒松芒赞陵墓的左方，有围墙围护，名僧格孜坚，为胡人所建。

赤德祖赞 （Khri-lde-gtsug-brtsan，公元704～754年）

原名吉祖如，尊号赤德祖赞，或称赤德祖丹墨阿葱（khri-lde-gtsug-brtsan-mes-ag-tshom，意为美髯公赤德祖赞），汉籍中译为弃隶蹜赞，都松芒波杰与琛氏赞玛托之子。公元704年（唐武后长安四年，藏历龙年）春生于宫苑内，同年冬父王去世。王子吉祖如年幼时，祖母没庐赤玛略摄政。没庐赤玛略是吐蕃历史上一位著名的王后。她历经三朝，声名显赫，曾协助其子都松芒波杰剪除噶尔家族势力；并在其孙初立，诸臣反叛时，平定内乱，稳定了政局。她多次派使臣到大唐请婚，表达与唐朝修好的意愿，得到了唐中宗的许允。中宗封养女雍王李宗礼之女为金城公主（中宗的侄孙女）嫁与吐蕃赞普，促成了第二次汉藏和亲。公元709年（中宗景龙三年）吐蕃派大臣尚赞吐（敦煌文书作（尚）赞咄来金）迎亲至长安。唐中宗在苑内设宴款待，并观看了驸马与吐蕃使者间进行的马球赛。次年，唐朝派左骁卫大将军杨矩护送金城公主入藏，中宗亲至始平县（今陕西咸阳西北）为金城公主设宴钱行，始平县由此改名金城县。金城公主入蕃时，"帝念主幼，赐锦缯别数万，杂伎诸工悉从，给龟兹乐"[14]。金城公主带到吐蕃的医书，由汉藏医师与译师共同翻译整理成书。现存最早的一部藏医经典著作《月王药典》，就是在这些中医著作的影响下编写的。公元730年（玄宗开元十八年），金城公主又请《毛诗》、《礼记》等书。受金城公主的影响，赤德祖赞信奉佛教，在红岩噶丘等地建立寺庙。除金城公主外，赤德祖赞还娶有赤尊妃（藏文史籍《贤者喜宴》中称此妃为南诏公主），生子绛查拉本；那囊氏芒波杰喜登妃，生子赤松德赞；以及拉邦妃等。

公元712年（唐睿宗太极元年，藏历鼠年），祖母赤玛略去世，赤德祖赞亲政。鉴于噶尔家族专权的教训，赤德祖赞采取了分散权力的办法，并设宰相多人，重用戚族，戚臣当权始于此朝。为了进一步加强中央王权的统治，他进行了若干改革：将八个大岸本合并为四个，划定直属王室之赋民，建立四岸之人丁户籍木牒；重新制定管理四如农牧区的法令，对"东岱

（千部）"中垦荒的赋民另行对待，并要求大论以下官员减轻庶民黔首的赋税。此外，他还制定颁布了一系列管理地方（如吐谷浑、多麦、象雄等地）和军队的法令，将（禁卫军的）木牍红册转录到黄纸册上。赤德祖赞期间，"内政祥和，全民安居乐业"[15]。

赤德祖赞时，对外战争频乃，且多数是与唐朝争夺西域。公元692年（武后天授三年）王孝杰收复四镇后，唐朝加强了对四镇的防守，吐蕃只好转向葱岭一带，欲借道大小勃律进入西域。小勃律（巴基斯坦的吉尔吉特）是中亚通往安西四镇的交通要道。公元722年（玄宗开元十年）小勃律王在向唐王朝求救时称，"勃律之国，是汉西门。汉若失之，则已西诸国并陷吐蕃矣"[16]。赤德祖赞首先采取与勃律北面的突骑施联姻结盟的方针，以获取其支持。然后又发兵攻占了大、小勃律，并将本国公主嫁与小勃律王。然而没过几年，突骑施即灭，小勃律亦为唐军所收复，吐蕃在北方与唐朝争夺大小勃律的斗争中最终失利。这之后，吐蕃转向东南经营南诏。公元751年（玄宗天宝十年，藏历兔年），南诏背弃了曾帮助它统一六诏的唐王朝，投靠了吐蕃。次年，吐蕃册封南诏王阁罗凤为"赞普钟"（意为赞普弟），与南诏正式结盟，从而控制了滇西北。

公元754年（玄宗天宝十三年，藏历马年），赤德祖赞遭叛臣朗氏和末氏谋害致死。据藏文史籍记载，赤德祖赞的陵墓建在穆日山，位于松赞干布陵左侧，取名拉日祖纳木。

赤松德赞 （Khri—Srong—lde—brtsan，公元 742～797 年）

汉籍译作乞黎苏笼猎赞、乞立赞等。赤德祖赞与那囊氏芒波杰喜登之子，十三岁继位。公元756年（肃宗至德元年，藏历猴年）吐蕃臣民为其上赞普尊号后正式亲政。赤松德赞执政期间，致力于发展经济、完善法律、广拓疆域、弘扬佛教，使吐蕃王朝达到了鼎盛。藏族历史上称其为吐蕃三大法王之一。

赤松德赞继位后，首先平定了内乱，诛杀了谋害其父的叛臣。就在他继位的第二年，唐朝发生了安史之乱。吐蕃趁唐抽调西部守军回内地救援之隙，占据了唐朝河西、陇右的大部分地区。公元763年（代宗广德元年，藏历水兔年），吐蕃一度攻入长安，将长安城洗劫一空后撤出。同年又攻占了四川的维州（今汶川薛城）、松洲（今松潘）和保洲（今理县）等地。此后，吐蕃连年入侵，唐不断派重兵抵御，双方都付出了很大的代价。公元783年（德宗建中四年，藏历水猪年），唐蕃双方在清水（今甘肃清水）会盟议界，重新划定双方边界，并在唐蕃守界之间规定了军事缓冲区。

在大肆对外扩张的同时，赤松德赞对内实施了一系列的改革，进一步完善法律。他在大臣桂·墀桑雅拉（mgos-khri-bzang-yab-lhag）的协助下，制定了赔偿医疗费及命价的标准。到了赤松德赞执政时期，吐蕃的官职制度已十分完善。据史籍记载，吐蕃的中央官职分贡论、囊论（内相）和喻寒波三大系统。其中，贡论主要负责外部事务如外交与军事；囊论主管吐蕃的内部政务（包括税收、宫廷内务等）；喻寒波主要负责起草重要文件和司法事务。从有关史书记载和当时制定法律赔偿命价标准来看，大贡论的地位位于众大论之首，相当于首席宰相。中央政权下设的最高地方组织为如，其长官为如本。这时的吐蕃本土分为六如，即：伍如、约如、叶如、如拉、苏毗如和象雄如。如下面设有"东岱"（即"千户"）和"米岱"。东岱的长官称东本（即"千户长"），米岱的长官称域本（意译为"地方官"）。出于经常战争的需要，吐蕃的地方组织具有军政结合的特点。

赤松德赞时期，"奉佛教为至高无上之教，自中央至边境广建寺庙，立佛法，引众生入慈悲界忆念"[17]。公元770年（代宗大历五年，藏历铁狗年），赤松德赞惩治了包括舅臣玛祥仲巴杰在内的反佛大臣，开始实施"兴佛抑苯"的政策。他派遣巴赛囊等人到印度和唐朝取经，从尼婆尔、印度迎请寂护和莲花生入藏弘法；亲自为西藏历史上第一座正规寺院——桑耶寺奠基，并于公元779年（大历十四年，藏历土羊年）率众贵族大臣参加了隆重的落成开光典礼。桑耶寺建成后，设立道场，剃度僧人，译经传法。最早剃度出家的七名吐蕃贵族青年，被称为"七试人"。赤松德赞还先后两次颁布兴佛诏书，下令吐蕃臣民信奉佛法。在他执政期间，实行属民养僧制度，每三户属民供养一僧；封桑耶寺堪布益希旺波（ye-shes-dbang-po，即巴赛囊）为世尊宗师，赐大金字告身，赋予僧人以较高的社会地位。在赤松德赞的倡导下，佛教得到了前所未有的发展，出家佛僧达300人左右。此外，这一时期的医学也有显著的发展。有史书记载，赤松德赞曾敦请汉地、天竺、大食、克什米尔等地的名医到吐蕃为本土医师传授医疗经验。后来，这些吐蕃医师有不少都获得了很大的成绩，其中最著名的要数宇妥·云丹贡布，他撰写的《四部医典》奠定了藏医学的理论基础。

赤松德赞的晚年笃信佛教，疏于政事，军政大事多委与宰相尚结赞，致使尚结赞擅政。正如公元793年（德宗贞元九年，藏历水鸡年）南诏王写给韦皋的信中所说："天祸蕃廷，降衅（孽）萧墙，太子兄弟流窜，近臣横污（汗），皆尚结赞阴计以行屠害，平日功臣，无一二在"[18]。这时的吐蕃开始由极盛转向衰弱。

赤松德赞娶有蔡邦萨·美多卓玛（《敦煌藏文历史文书》中称蔡邦妃玛甲东嘎）、喀钦萨·措杰（此妃即供与大阿阇黎作为灌顶礼者）、卓萨·绛曲、秦萨·拉摩赞和波容萨·杰摩尊等妃。其中长妃蔡邦萨·美多卓玛生有四子：牟赤（早夭）、牟尼（即牟尼赞普）、牟茹和牟底（即赤德松赞）。公元796年（德宗贞元十二年，藏历火鼠年），赤松德赞将政权交与次子牟尼赞普后，退居苏喀娘玛蔡宫修行。一年后死于桑喀。据藏文史籍记载，赤松德赞的陵墓是其在世时所建，位于父王赤德祖赞陵墓的右后方，传说是为父陵阻挡洪水。墓中有许多稀世珍宝随葬，墓前立有墓碑，墓名为"楚日祖囊"。

牟尼赞普（mu—ne—btsan—po，公元762～798年）

《新唐书》译作足之煎。公元762年（代宗宝应元年）生于扎玛，赤松德赞与长妃蔡邦萨·美多卓玛之次子。公元796年，赤松德赞隐居修行，将政权交给了牟尼赞普。牟尼赞普即位后，继续奉行崇佛政策，大力扶植佛教，命广大臣民向佛寺和僧人布施钱物。他还下令平均财富，试图缩小属民间的贫富差别，但未获成功。公元798年初（唐德宗贞元十三年，藏历火牛年末），牟尼赞普被其生母蔡邦氏毒死，在位时间还不足两年。据说，父王赤松德赞临终前，将年轻貌美的王妃波容氏托付给牟尼赞普照顾。牟尼赞普对其关爱备至，引起母后的愤恨，遂投毒将牟尼杀害。不过从当时的情况看，牟尼赞普之死可能还夹有其它的政治因素。牟尼赞普死后，陵墓建在赤德祖赞·墨阿葱陵的右前方，墓名为佳日典普。《敦煌历史文书》上说，牟尼赞普无后。

赤德松赞（Khri-lde-srong-brtsan，公元798～815年在位）

又名塞拉累江允。赤松德赞与王后蔡邦萨之幼子。公元798年（唐德宗贞元十三年，藏历火牛年末）牟尼赞普为其母所鸩杀。牟尼无子，弟牟茹流放在外，幼弟赤德松赞在其供养的僧人娘·定埃增等人的帮助下继承了王位，娶有没庐·赤姆勒、琛·嘉萨勒姆赞和觉若·赞嘉等后妃。赤德松赞执政后，大力扶持佛教，任命班第娘·定埃增、班第勃阑伽·云丹为僧相，位居众大论之首，享有极高的权力。他兴建了噶迥金刚寺，并在建寺时率领各小邦王子、诸王妃以及大小参政大臣共同盟誓，永奉三宝。赤德松赞在位期间，翻译了大量的佛经，并对译语进行了统一，确定了佛经翻译的三原则，即：要符合声明学规则；维持原意；使吐蕃人易于理解。公元815年（宪宗元和十年）赤德松赞死于扎浦，葬于父王陵前。墓前立有一碑，墓名为嘉钦赤杰日波。

赤祖德赞（Khri-gtsug-lde-btsan，公元806～838年）

又称赤热巴巾，意为结辫王。汉籍作可黎可足或彝泰赞普，赤德松赞与长妃没庐萨赤姆勒之子。公元815年即位，娶有觉热·贝吉昂楚玛、琛·琼噶尔玛、那曩·阿杰普勒、蔡邦·伦结布姆、拉隆·梅脱玛等五位妻子。赤祖德赞执政期间，国力日衰，对外战争屡受挫折。为缓解与唐的紧张关系，吐蕃多次遣使求盟。公元821至822年（穆宗长庆元年至二年，大蕃彝泰七年至八年），唐蕃先后在长安和逻些两地会盟，并将藏汉盟文勒石立碑。其中一通（"唐蕃会盟碑"）现矗立在拉萨大昭寺门前，保存完好，为此次友好和盟的历史见证。"长庆会盟"后，唐蕃关系有所改善，使臣往来频繁。

赤祖德赞笃信佛教。在位期间，兴建寺院，广译佛经，将已翻译成藏文的佛经汇集整理，编目成册。他赋予僧人以极高的权力与地位，任命大班第（钵阐布）阐卡·贝吉云丹为首席宰相，掌管朝政。他还规定七户属民供养一僧；并制定法律，对不敬佛僧者严厉惩罚等。他甚至将系于自己左右发辫的丝绢铺陈于地，请僧人坐上，以示尊崇。

过度崇佛，引起部分贵族大臣的不满，导致吐蕃社会各种矛盾激化。公元838年（文宗开成三年，藏历土马年），赤祖德赞被韦·达纳坚等人暗杀。据藏文史书记载，赤祖德赞死后葬于敦卡达的左方，墓边立有一通无字石碑。

赤达玛乌冬赞（khri—dar—ma—vu—dum—btsan，公元838～842年在位）

别名朗达玛，汉籍称达磨。公元838年赤祖德赞被杀后，韦·达纳坚等人拥立赤祖德赞之弟达磨为赞普。达磨"嗜酒，好畋猎，喜内，且凶愎少恩"[19]。在反佛大臣的怂恿下，达磨下令禁佛。于是，寺院被关闭，佛像遭毁坏，不少僧人被迫还俗或逃往边地，佛教受到沉重的打击。据史书记载，这一时期，吐蕃还遭遇了前所未有的自然灾害和瘟疫流行。公元842年（武宗会昌二年，藏历水狗年），达磨被佛教僧人拉隆·贝吉多杰暗杀。达磨死后，侧妃蔡邦氏生下一遗腹子，名微松。长妃那囊氏从长兄处抱一养子，立为赞普，名云丹（汉籍称乞离胡）。云丹和微松两派互争王位，各自为政，统一的吐蕃王朝不复存在。

据藏文史籍记载，达磨陵位于都松芒波杰墓与赤松德赞墓之间，名为邦仁科洛坚。据说，其子微松的墓建在都松芒波杰墓前，为最后建造的一座赞普陵墓。

（国家博物馆　郭幼安）

注　释

1　《拉达克王世系》，转引自李迪主编：《中国少数民族科学技术史丛书·通史卷》，广西科学技术出版社1996年版，第132～133页。

2　王尧、陈践译注：《敦煌本吐蕃历史文书》（增订本），民族出版社1992年版，第162页。

3　黄布凡、马德译注：《敦煌藏文吐蕃史文献译注》，甘肃教育出版社2000年版，第208页。

4　王尧、陈践译注：《敦煌本吐蕃历史文书》（增订本），民族出版社1992年版，第165页。

5　[宋] 欧阳修、宋祁等撰：《新唐书》卷二百一十六《吐蕃传》，中华书局点校本1975年版。

6　黄布凡、马德译注：《敦煌藏文吐蕃史文献译注》，甘肃教育出版社2000年版，第244页。

7　[后晋] 刘昫等撰：《旧唐书》卷一九六《吐蕃传》，中华书局点校本1975年版。

8　同上。

9　[宋] 欧阳修、宋祁等撰：《新唐书》卷二百一十六《吐蕃传》，中华书局点校本1975年版。

10　王尧、陈践：《敦煌本吐蕃历史文书》（增订本），民族出版社1992年版，第166页。

11　[宋] 欧阳修、宋祁等撰：《新唐书》卷二百一十六《吐蕃传》，中华书局点校本1975年版。

12　王尧、陈践译注：《敦煌本吐蕃历史文书》（增订本），民族出版社1992年版，第166页。

13　[宋] 欧阳修、宋祁等撰：《新唐书》卷二百一十六《吐蕃传》，中华书局点校本1975年版。

14　[宋] 欧阳修、宋祁等撰：《新唐书》卷二百一十六《吐蕃传》，中华书局点校本1975年版。

15　黄布凡、马德：《敦煌藏文吐蕃史文献译注》，甘肃教育出版社2000年版，第285页。

16　苏晋仁、萧炼子合辑：《〈册府元龟〉吐蕃史料校正》，四川民族出版社1981年版，第113页。

17　黄布凡、马德译注：《敦煌藏文吐蕃史文献译注》，甘肃教育出版社2000年版，第294页。

18　转引自范文澜：《中国通史简编》第三编第二册，人民出版社1965年版，第472～473页。

19　[宋] 欧阳修、宋祁等撰：《新唐书》卷二百一十六《吐蕃传》，中华书局点校本1975年版。

The Mausoleums of the Tibetan Kings

The burial place located in Vphyongs-rgyas 琼结, Tibet 西藏 is a well-known ancient cemetery at the Tibetan Plateau. This burial ground contains mausoleums of ten odd Tibetan brtsan-po such as Srong-btsan-sgam-po. In recent years, several on-site investigations of these tombs and comparative studies between extant sites and earlier aeronautical photographs enable us to have verified the total number of the tombs as well as the location relationship among the tombs, and eventually to create a map indicating the distribution of the tombs and to re-identify the tomb occupant of each mausoleum.

I. Distribution and Numbers of Tibetan Tombs at Vphyongs—rgyas

Studies on relevant Tibetan texts have indicated that Tibetan mausoleums at Vphyongs-rgyas are located in two places — Don-mkhar-mdav and Mu-ri — by the Vphyongs-rgyas-chu River north of Mt. Mu-ri in Vphyongs-rgyas County. While a few mausoleums are built on the mountain slope or by the mountain foot, most of these tombs are constructed on the river-plain of the Vphyongs-rgyas-chu River and the Dung-dkar River. The average sea level of these riverbanks is 3800 m. Tombs built on the mountain slope are 3900 m above the sea level.

The burial is divided into two areas—the east area and the west area, with more tombs and more grandiose grave mounds in the west area. The Tibetan expression 'Don-mkhar-mdav' (meaning the 'mouth of Don-mkhar-mda ravine') in Tibetan text is today's Dung-dkar ravine, the mouth of which is where the east area is situated. Mu-ri refers to Mt. Muri, also known as Mt. Mu-ra-ri. That is to say, the both places recorded in the texts said to contain Tibetan mausoleums are in the vicinity of Vphyongs-rgyas County.

The burial place consisting of these two areas measures 3.5 million sq m, 2500 m from west to east and 1500 from south to north. The distance between the two areas is 800 m. Recent survey of the burial place reveals that there are seven tombs in the east area and thirteen in the west area (including two newly discovered tombs), thus making it impossible that the total number of them tombs is less than twenty. By contrast, conventional statistics only records ten or eleven tombs in the west area and maintains seventeen as the maximum number.

II. Current Condition of Tibetan Royal Burial Place

Most of the mausoleums still have imposing tomb mounds. In the cases of large mausoleums, the tomb mound can measure more than 100 m in perimeter and 10 m in height. Made of rammed soil and stone, the mounds are either square-shaped or trapezoid in ground plan. Majority of the tombs have been ransacked in history and large holes can still be seen on the top of the mounds.

Situated along the Vphyongs-rgyas River, tomb No.1 in the west area is built at the north end of the burial place. Its grave mound measures 95 m long, 67 m wide at the top, and 130 m long and 124 m wide at the bottom. Its current height is 18 m. The highest tomb in the burial place and built on the mountain slope of Mt. Mu-ra-ri, tomb No.6 is at the south end of the cemetery. It is 3938 m above sea level. The top of its mound measures 83 m from north to south and 90 m from east to west; the bottom of the mound measures 136 m from north to south and 118 from east to west. Its current height is 36

m. To the mound's east and west sides, there are two stone-carved crouching lions, both measuring 1.45 m high and facing the tomb mound.

Approximately one km to the northeast of the west area is the east burial place. To judge from the extant tomb mounds, there are seven mausoleums. Tomb No.15 is located at the foot of the southern mountain of Dung-dkar ravine. To its southeast is No.14. The ground plan of the mound is in trapezoid shape. Tomb No.19 is to the northeast of Nos.17 and 18. The ground plan of its mound is in square shape, measuring 94.5 m from north to south and 46.5 m from east to west; the mound's current height is about 6 m. Two concaves are found at the top of the mound. Given that this is the only tomb having a square shape and that its length measures twice as long as its width, we suspect it may consist of two juxtaposed tombs.

III. Tomb Occupants

In the early years of the 18th century, some foreigners already paid their visit these Tibetan royal tombs. The Italian scholar G. Tucci published *The Tombs of the Tibetan Kings* 藏王陵考 in 1950 after his investigation of the tombs in 1948. Afterwards, the British scholar H.E. Richardson investigated the tombs. In his publication *Early Burial Grounds in Tibet and Tibetan Decorative Art of the Eighth and Ninth Centuries* 西藏早期墓地及八—九世纪西藏的装饰艺术, he published the first illustration of the tombs' distribution and identified the tomb occupants of ten tombs. Wang Yi is one of the pioneer Chinese scholars who conducted investigation and research of Tibetan mausoleums. Based on his investigation of the mausoleums and the *Rgyal rabs gsal bavi me long* 西藏王统记, Wang identified 8 tomb occupants. A few ancient Tibetan documents, the *Ldevu vi rgya bod kyi chos vbyung* 第吴教法源流 by Mkhas-pa-ldevu and the *Yar lung jo bovi chos vbyung* 雅隆尊者教法史, among others, record these tombs at Vphyongs-rgyas . The burial place that is commonly known as 'Tibetan Mausoleums' refers to the west area, a cemetery said to have been first constructed during the reign period of Srong btsan-sgam-po. Beginning from Srong-btsan-sgam-po down to the collapse of the Tibetan Empire, there are ten brtsan-po, they include:

Srong-btsan-sgam-po

↓

Gung-srong-gung-btsan

↓

Mang-srong-mang-btsan

↓

Vdus-srong-mang-po-rje

↓

Khri-lde-gtsug-brtsan

↓

Khri-srong-lde-brtsan

↓

Mu-ne-btsan-po → Khri-lde-srong-brtsan

↓

Khri-gtsug-lde-btsan → Khri-dar-ma-vu-dum-btsan（Glang-dar-ma）

Except Gung-srong-gung-btsan and Khri-gtsug-lde-btsan who were buried in another cemetery, all the other kings were buried in the same cemetery as that of Srong-btsan-sgam-po. Prince Vjang-tsha-lha-dbon of Khri-lde-gtsug-brtsan and prince Vod-srung of Glang-dar-ma were also buried in this cemetery, thus making the total number of the tomb occupants into 10. In addition to Gung-srong-gung-btsan and Khri-gtsung-lde-btsan, other royal members who were buried in Don-mkhar-mdav may have also included Mu-tig-brtsan-po, Khri-gnya-zung-brtsan, Slon-btsan-rlung-nam（gNam-ri-slon-btsan）, Stag-bu-snya-gzigs （Stag-ri-snyan-gzigs）and his consort.

The Mu-ri cemetery started from Srong-btsan-sgam-po and continued during the reign period of succeeding kings, whereas Don-mkhar-mdav burial place, which only has few mausoleums, may have started from Khri-gnya-zung-brtsan and served only as a burial place for those kings who died an untimely death.

1. There are 12 tomb mounds in west cemetery (Mu-ri cemetery). If counting the tomb of prince Vod-srung, there are more than 13 tombs in this cemetery. The texts have revealed the following distribution: to the left of the tomb of Srong-btsan-sgam-po are, in sequence, tombs of Mang-srong-mang-btsan, Vdus-srong-mang-po-rje, and Khri-lde-gtsug-brtsan. While the Srong-btsan-sgam-po tomb is located in Vphyongs-rgyas Valley, the Khri-lde-gtsug-brtsan tomb is situated on the mountain slope of Mu-ri. It thus leads to the conclusion that the left direction in the texts refers to southeast, and right direction to northwest, that is to say, area close to the river is left and area close to the mountain right. Tombs from Srong-btsan-sgam-po to Khri-srong-lde-brtsan are in the same alignment, with each tomb facing the north, a fact attested by the north-facing stele in front of the Khri-lde-srong-brtsan tomb.

The reconstructed distribution of the tombs is as follows:

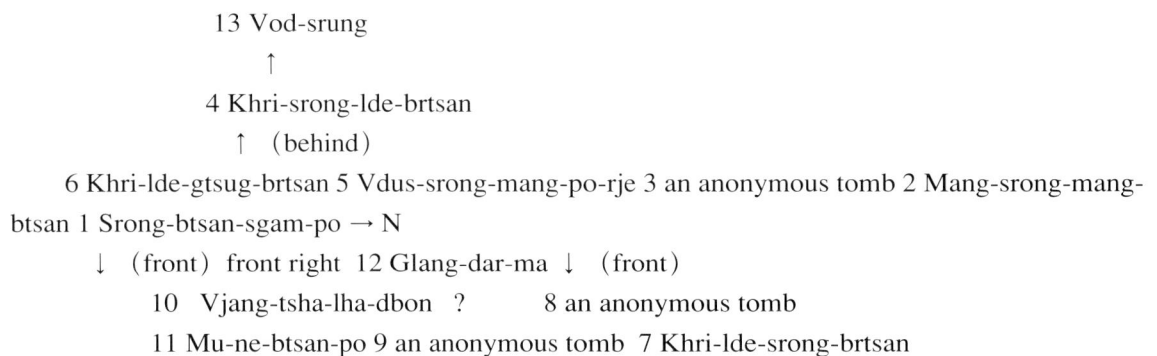

13 Vod-srung

↑

4 Khri-srong-lde-brtsan

↑ （behind）

6 Khri-lde-gtsug-brtsan 5 Vdus-srong-mang-po-rje 3 an anonymous tomb 2 Mang-srong-mang-btsan 1 Srong-btsan-sgam-po → N

↓ （front） front right 12 Glang-dar-ma ↓ （front）

10 Vjang-tsha-lha-dbon ?　8 an anonymous tomb

11 Mu-ne-btsan-po 9 an anonymous tomb 7 Khri-lde-srong-brtsan

Tombs considered related to Mu-ri include those of Khri-lde-gtsug- brtsan, Vdus-srong-mang-po-rje, and Khri-srong-lde-brtsan. Several texts also record that the tomb of Khri-lde-gtsug-brtsan is built in Mu-ri Mountain and the name of this mausoleum is Lha-ri-gtsug-snam (Heavenly Top of the Sacred Mountain of Gods). The tomb should be tomb No.6, which is located at the highest point of the cemetery. The name of the Vdus-srong-mang-po-rje tomb is Lha-ri-can. It is tomb No.5, next to 'Lha-ri-gtsug-snam'. Also at Mu-ri, the tomb of Khri-srong-lde-brtsan known as Vphrul-ri-gtsug-snang (The Mountain Top of the Sacred Apparition) is behind the tomb of Khri-lde-gtsug-brtsan, his father. It should be tomb No.4 in the cemetery. The three tombs at the Mu-ri Mountain (tombs Nos.4, 5, and 6) are those of Khri-srong-lde-brtsan, Vdus-srong-mang-po-rje, and Khri-lde-gtsug-brtsan, matching exactly the textual records in their location.

Tombs of Khri-lde-gtsug-brtsan, Vdus-srong-mang-po-rje, and Mang-srong-mang-btsan are all situated to the left of the tomb of Srong-btsan-sgam-po; namely, the tomb of Srong-btsan-sgam-po is at the right end of the series, therefore indicating a very clear way of mapping each tomb. Since we can safely identify tomb No.1 as belonging to Srong-btsan-sgam-po, one of the two tombs, Nos.2 and 3, must belong to Mang-srong-mang-btsan. It is almost certain that No. 2 is the tomb of Mang-srong-mang-btsan.

Texts tell us that those tombs directly related to the Khri-lde-gtsug-brtsan tomb include Vjang-tsha-lha-dbon tomb in its front, Mu-ne-btsan-po tomb in its right front, Khri-srong-lde-brtsan tomb in its right rear, and Khri-lde-srong-brtsan tomb in its right front. The tomb itself is to the left of the Vdus-srong-mang-po-rje tomb. We can therefore conclude that tomb No.10 belongs to Vjang-tsha-lha-dbon, No. 11 to Mu-ne-btsan-po, No. 4 to Khri-srong-lde-brtsan, the far off No.7 to Khri-lde-srong-brtsan, and finally the tomb next to it belongs to Vdus-srong-mang-po-rje.

Due to the presence of the Khri-lde-srong-brtsan stele by No.7, it is certain that this is the tomb of Khri-lde-srong-brtsan. As to the tomb of Vjang-tsha-lha-dbon, texts tell either that it is situated in front of his father Khri-lde-gtsug-brtsan's tomb (as in the *Rgya bod yig tshang* 汉藏史集) or that it is in front of the tomb of Vdus-srong-mang-po-rje, his grandfather (as in the *Rgyal rabs gsal bavi me long* 西藏王统记). These are not contradictory records. Both in fact point to tomb No.10. Most of the texts agree that the tomb of Mu-ne-btsan-po is in right front of Khri-lde-gtsug-brtsan's tomb. It therefore should be No.11.

While the *Rgya bod yig tshang* 汉藏史集 tells that the tomb of the last king Glang-dar-ma, is in-between the tombs of Vdus-srong-mang-po-rje and Khri-lde-srong-brtsan, the *Yar lung jo bovi chos vbyung* 雅隆尊者教法史 informs that it is in-between the tombs of Vdus-srong-mang-po-rje and Khri-srong-lde-brtsan. But both indicate a close relationship between the tomb of Glang-dar-ma and that of Vdus-srong-mang-po-rje. Moreover, aeronautic photographs indicate the presence of an additional tomb between the tombs of Vdus-srong-mang-po-rje and Khri-lde-srong-brtsan. An in-situ observation also reveals the existence of that tomb, which is now numbered as No.12. It should belong to Glang-dar-ma. According to the *Rgya bod yig tshang* 汉藏史集 the tomb of Glang-dar-ma was never finished. It thus seems that his corpse was never interred inside the tomb.

As to the tomb of Vod-srung, the son of Glang-dar-ma, the *Ldevu vi rgya bod kyi chos vbyung*第吴教法源流 by Mkhas-pa-ldevu says that it is behind Vdus-srong-mang-po-rje's tomb. Investigation shows that the topography in that place is a bit higher than its adjacent area and we can therefore hypothesize that it is where Vod-srung's tomb is located.

In Mu-ri cemetery, according to the texts, tombs for the kings who inherited the throne form his father or grandfather are aligned horizontally. This hold true for tombs from Srong-btsan-sgam-po to Mang-srong-mang-btsan and tombs from Vdus-srong-mang-po-rje to Khri-lde-gtsug-brtsan — they are all arranged in the same alignment. Because Khri-lde-gtsug-brtsan's tomb is near the mountain top, tombs of his successors were not built any longer to its left; rather, they were constructed in its front or back. For example, two sons of Khri-lde-gtsug-brtsan—Vjang-tsha-lha-dbon and Khri-srong-lde-brtsan—were both built in the vicinity of their father's tomb, one in its front and the other at back. In the same vein, tombs of Mu-ne-btsan-po and Khri-lde-srong-brtsan were built in front of the tomb of their father. The son of Khri-lde-srong-brtsan—Glang-dar-ma—instead had his tomb built behind his father's tomb. The same holds for the tomb of Vod-Srung.

In addition to those identifiable mausoleums, there are also three anonymous tombs in west cemetery. They are tombs Nos.3, 8, and 9, belonging, probably, to some other royal members.

2. There are 7 tombs in Don-mkhar-mdav, the east cemetery, to which little attention has been paid by scholars. According to the texts, there are the following tombs in Don-mkhar-mdav: those of Khri-snya-zung-brtsan, Gnam-ri-srong-bstan (Slon-btsan-rlung-nam), Stag-ri-snyan-gzigs (Stag-bu-snya-gzigs), Gung-srong-gung-btsan, and Khri-gtsug-lde-btsan, among others.

Their distributional relationship, from left to right, runs as follows:

Khri-gtsug-lde-brtsan--Stag-ri-snyan-gzigs and his consort-- Khri-snya-zung-brtsan-- Gung-srong-gung-btsan-- Dnam-ri-srong-bstan (to the right)

Since the historical documents tells that the tomb of Khri-gtsug-lde-btsan is situated at the left corner of or left side of Don-mkhar-mdav, we can infer its location: it should be at the left side of the mouth of Dung-dkar ravine, that is, No.20 at the left end. To its right are tombs of Stag-ri-snyan-gzigs and his consort, numbered as Nos.19 and 18. The combination of two adjacent tombs probably incurs the uncommon square shape of tomb No.19; namely, the position now taken by tombs No.18 and No. 19 originally consisted of three tombs, including the tomb of Stag-ri-snyan-gzigs and tombs of his consort and Mon-bu-rgyal-btsan, as attested in historical documents. Tomb No.17 to their right is the tomb of Khri-snya-zung-brtsan . The trapezoid-shaped tomb further right, which is numbered as No. 15, is the mausoleum of Gnam-ri-srong-bstan. Its trapezoid shape corroborates its being described as 'collar bone shape' in the texts. Texts also tell that the tomb of Gnam-ri-srong-bstan is located to the right of the tomb of Khri-snya-zung-brtsan , and that the tomb of Gung-srong-gung-btsan lies to its left, thus making the Gung-srong-gung-btsan tomb situated between the two tombs.

We do not know the tomb occupant of Tomb No.14 in the east burial place. Nevertheless, since the texts inform us that the tomb of Mu-tig-brtsan-po is also in this area, we may posit that tomb No. 14 might have been the mausoleum of this brtsan-po.

IV. Conclusion

We may come to the following conclusions on the basis of relevant texts, aeronautic photographs, and on-site investigation.

1. There were indeed two areas of burial place in Vphyongs-rgyas. They are the west area (Mu-ri) and the east area (Don-mkhar-mdav). In these two areas diverge greatly in the identities of the tomb occupants: while they are mostly kings that reigned during the high times of the empire in the west area, tomb occupants in the east area are kings prior to Srong-btsan-sgam-po together with princes who died an untimely death.

2. There are 20 tombs in the entire burial place, 13 tombs in the west area and 7 in the east area. If we count tomb No.19 as consisting of two tombs, then we have 21 tombs in total.

3. We are more certain regarding the identification of the tomb occupants in the west area. Identities of 10 out of 13 tomb occupants can be ascertained and all brtsan-pos recorded in the texts can be found here (Table 1).

Table 1: A roster of the Vphyongs-rgyas Tibetan tombs

	Nos. of Tomb	mound	scale (perimeter \width\height) (unit: m)	tomb occupant	name of the tomb	meaning of the name	previously proposed tomb occupants
West Area	1	square	130\124\18	Srong-btsan-sgam-po	Mu-ri smug-po	Purple Mu-ri Mountain	Khri-lde-gtsug-brtsan, Khri-srong-lde-brtsan, Srong-btsan-sgam-po
	2	square	148.8\135\15	Mang-srong-mang-btsan	Sngo-bzher hral-po		Khri-srong-lde-brtsan, Khri-lde-gtsug-brtsan, Mang-srong-mang-btsan
	3	square	92\85\7	?			Vdus-srong-mang-po-rje
	4	square	67\66\5	Khri-srong-lde-brtsan	Vphrul-ri gtsug-snang		Mu-ne-btsan-po; Khri-lde-gtsug-brtsan
	5	square	110\91.6\9	Vdus-srong-mang-po-rje	Seng-ge rtsigs-can Lha-ri-can	Lion-shaped Wall near the sacred mountain	Khri-srong-lde-brtsan, Khri-lde-gtsug-brtsan, Mang-srong-mang-btsan
	6	square	136\118\36	Khri-lde-gtsug-brtsan	Lha-ri gtsug-nam	Celestial Top of the Divine Mountain	Khri-srong-lde-brtsan, Khri-gtsug-lde-btsan
	7	square	99\89.5\11	Khri-lde-srong-brtsan	Rgyal-chen vphrul-ri	The Great King's tomb of sacred Mountain	Khri-lde-srong-brtsan
	8	square	41.9\33\4.8	?			anonymous, Mu-ne-btsan-po
	9	square	21.8\19\3	?			Glang-dar-ma

	Nos. of Tomb	mound	scale (perimeter \width\height) (unit: m)	tomb occupant	name of the tomb	meaning of the name	previously proposed tomb occupants
West Area	10	square	38.2\37\6	Vjang-tsha-lha-dbon			Anonymous tomb; Vjang-tsha-lha-dbon
	11	square?	34\32.7\2.5	Mu-ne-btsan-po	Lha-ri-ldem-po		
	12	square?	36.5\30.9\5	Glang-dar-ma	Bang-so vkhor-lo-can	circular terrace	
	13	square?	130\124\7	Vod-srung	Skyes-bu-lha-bsten		
East Area	14	Trapezoid	87\54\76\4.7	Mu-tig-brtsan-po	Skya-ri ldem-po		Ral-pa-can, anonymous tomb
	15	Trapezoid	66\58\54-56\?	Gnam-ri-srong-bstan	Gung-ri sogs-kha	Collarbone-shaped snow mountain	
	16	square	37.5\29.4\2.5	Gung-srong-gung-btsan	gung-ri gung-chen		
	17	?	64\48\7	Khri-snya-zung-brtsan			
	18	?	44\28\4	Vbro-gnyen-lde-ru	Gson-mchad zlum-po	Circular tomb for the living	
	19	Rectangula?	94.5\46.5\6	Stag-ri-snyan-gzigs			
	20	square	55\54.5\14	Khri-gtsug-lde-brtsan	Khri-steng rmang-ri		

ༀ༔ བོད་སྐྱོངས་འཕྲུངས་རྒྱལ་བཙན་པོའི་བང་སོའི་ཞིབ་
འཇུག་དང་ཆུད་ཞིབ་ཐིག་ལེན་སྐོར་སྐྱེད་པ།

བོད་སྐྱོངས་འཕྲུངས་རྒྱལ་བཙན་པོའི་བང་ནི་བོད་སྐྱོངས་མཛོ་སྣང་གི་གྲགས་ཅན་གྱི་གནན་པོའི་
བང་སོའི་ཁུལ་གཅིག་ཡིན། ཁུལ་འདིར་ཚོས་རྒྱལ་སྲིང་བཙན་སྒྲས་པོ་ལ་སོགས་པའི་བཙན་པོ་བཅུ་ལྷག་གི་
བང་སོ་ཡོད། བཙན་པོའི་བང་སོར་བརྟག་དཔྱད་དང་ཞིབ་འཇུག་བྱས་པར་ད་བར་དུ་དུས་རབས་གཉིས་ལ་
ཉེ་པའི་དུས་ཚོད་མཆིས་ཁར། ཞིབ་འཇུག་པ་ཚོས་གནད་དོན་མི་ཉུང་བ་གསལ་པོར་བཟོས་ཐིན་ཡོད།
ཡིན་ནའང་དཀའ་གནད་འགའ་ཞིག་ཀྱང་ལུས་ཡོད།

ང་ཚོས་ཡིན་འཛོག་བྱ་དགོས་པ་ནི། ད་བར་དུ་དངོས་སུ་དཔེའི་བསྐུན་བྱས་པའི་བཙན་པོའི་གནས་
ཁུངས་ཀྱི་ཆོད་སྤྱད་ཀྱི་ཁྱབ་ཚུལ་དཔེ་རིས་ཞིག་མཛོར་རྒྱུ་དགེས། བོད་ཀྱི་བཙན་པོའི་བང་སོར་ལག་ལེན་
དངོས་ཀྱི་བརྟག་དཔྱད་བྱེད་སྐྱོང་བའི་ཞིབ་འཇུག་པ་ཚོས་འཕྲུངས་རྒྱལ་བཙན་པོའི་བང་སོར་གཏན་འཁེལ་
ཀྱི་བང་སོག་ཚོ་ཡོང་མིན་གཅིག་འགྱུར་ཀྱི་བཞུང་སྐྱལ་ཞིག་མེད། ཨཀྵ་དཔང་རེ་གཉིས་ཀྱིས་ས་ཚེ་
རང་དུ་དངོས་ཞིབ་དང་པོད་ཀྱི་ཡིག་ཚགས་ཐན་ཚོན་ཟུང་འབྲེལ་བྱས་ཏེ་བང་སོ་རེ་རེའི་མི་སྣ་སོར་ཞིབ་
འཇུག་བྱས་པ་བརྒྱུད། ཀུན་འབྲས་མི་དམན་ཐོབ་སོད། བོད་ཀུན་མི་མཐུན་པའི་སྤྱངས་ཀུན་མི་ཉུང་བ་
མཆིས། 1989 ལོ་ནས་འགོ་ཚུགས་ཏེ། ཀུང་པོའི་སྐྱི་ཚོགས་ཚན་རིག་ཁང་གི་གནན་རྩོག་ཞིག་ཞིབ་
འཇུག་སོའི་ཡིས་བོད་སྐྱོངས་ལས་དོན་དུ་ལག་སྐྲིག་འཇུགས་བྱས་ནས། མཚོ་སྣ་དུ་བསྐྱོང་དེ་གནན་རྩ་
དཔྱད་ཞིབ་དང་སྟོབས་ལ་འདོན་བྱེད་སྐྱེ་ཚོགས་པ་རེད། འཕྲུངས་རྒྱལ་བཙན་པོའི་བང་སོར་བརྟག་དཔྱད་
གནས་མེད་བྱས་ཁར། གཏན་འཁེལ་བའི་བང་སོའི་བྱང་ཚལ་དཔེ་རིས་བཟོས་པ་རེད། བྱང་ཚལ་དཔེའི་
རིས་འདི་ནི་དེ་ང་ཚོས་ལག་ཞིག་དངོས་ལས་བང་སོ་གནས་ཁུལ་དང་དུས་རབས་ 20 པར་གནམ་གྲུའི་ཐོག་
ནས་པར་ལེན་རྒྱག་པ་དང་བསྒྱུར་བ་བྱས་ཏེ། བང་སོའི་གྱུང་ཚད་དང་དེ་བཞིན་བང་སོ་རེ་རེ་གནས་
སའི་འབྲེལ་བ་ལ་གཞིགས་ཏེ་གཏན་འབེབས་བྱས་ནས་བཟོས་པ་ཡིན། ང་ཚོས་ཚུལ་ཞིག་འདིའི་ནན་དུ་
ཐག་མར་སྐྱི་བསྐགས་བྱས་པའི་བང་སོ་ཁྱབ་ཚུལ་དཔེའི་རིས་འདི་ནི་ད་བར་དུ་བཙན་པོའི་བང་སོ་དང་འབྲེལ་
བ་ཡོད་ཁར། གཏན་འཁེལ་བྱུང་བའི་དཔྱད་གཞིའི་ཡིག་རིགས་དང་པོ་དེ་ཡིན་ཞེས་བཟོད་ཆོག

ང་ཚོས་དུ་དེ་དང་ཆབས་ཅིག་ཏུ་དེ་སྟོང་སྐབས་དབང་ཚོ་ཞིབ་འཇུག་བྱས་པའི་སྐྱབ་གཞིའི་ཐོག
གོལ་གནད་མདུན་སྐྱོས་ཀྱི་འབྲེལ་ཡོད་ཡིག་ཚགས་གསེད་པ་དང་བསྐྱུན། སྣར་ཡང་བང་སོ་ཁག་གི་འདས་
པོར་ཁྱུང་ཚོངར་སྐྱོད་བྱས་ཡོད་ལ། ལྕ་ཚུལ་མི་འདྲ་བའང་རེ་གཉིས་བཏོན་ཡོད། བང་སོ་དངོས་
སྐྱིག་འདོན་བྱས་མེད་པ་ལ་ཟད། དུས་ཚོད་རེ་གཏན་ཀྱི་ནན་དཔང་སྐྱིག་འདོན་བྱ་རྒྱུ་མེད་པའི་སྐྱེ་
འགྱུའི་འོག ཁུང་འཚོལ་ར་སྐྱོད་གང་འདུ་ཞིག་ཀྱང་མཐུག་མཐའི་མཐའ་འདས་ཡིན་མི་སྲིད་པ་ང་ཚོ་
ཚང་མ་མཐུན་གནས་རེད། ཡིན་ནའང་དཀྵའི་རེ་བར་དུ་སྟེན་ཀྱི་འཁན་བཙོན་བྱས་པ་འདི་བཀུན་དེ།
ལས་དོན་འདིའི་ཞིབ་འཇུག་ཁ་སྐྱོགས་ཡང་དག་པའི་དགོགས་འཇེན་དང་དེ་ལས་གོལ་གང་གི་ཉེ་བར་འགྲོ
རྒྱུའི་འདུན་པ་བགྱ།

装帧设计　李　红
责任印制　张道奇
责任校对　周兰英
责任编辑　李　红

图书在版编目（ＣＩＰ）数据

藏王陵／中国社会科学院考古研究所 编著. －北京：
文物出版社，2006.5
　ISBN 7-5010-1750-6

　Ⅰ.藏... Ⅱ.中... Ⅲ.吐蕃－陵墓－西藏
Ⅳ.K878.8

　中国版本图书馆 CIP 数据核字（2005）第 045135 号

藏 王 陵

中国社会科学院考古研究所　编著

文物出版社出版发行
（北京五四大街 29 号　邮编：100009）
http://www.wenwu.com
E－mail：web@wenwu.com
北京画中画印刷有限公司印刷
新华书店经销
889×1194　1/16　印张：11.5
2006 年 5 月第一版　2006 年 5 月第一次印刷
ISBN 7－5010－1750－6/K·921
定价：180.00 元